믿다, 살다, 웃다

믿다, 살다, 웃다

인생이 확실히 꼬여버린
그리스도인에게 필요한
믿음의 내공

김지찬 지음

FAITH
LIFE
LAUGH

국제제자훈련원

김지찬 목사님은 말씀의 성육화를 위해 부단히 고뇌하는 신학자입니다. 단(壇) 위에서는 성경이 삶의 현장에서 살아 있는 능력으로 체화되도록 진액을 쏟는 설교자입니다. 곁에 있으면 대장간의 장인처럼 어찌하든지 성도들이 예수님을 닮아가도록 말씀의 화로 속에서 삶을 녹이고 두드리기를 쉬지 않는 명장의 모습을 볼 수 있습니다.

저자의 설교를 현장에서 듣는 것도 가슴 뛰는 일이지만, 그의 설교를 숨결이 있는 글로 읽는 것도 큰 즐거움입니다. 페이지마다 독자를 그냥 내버려두는 법이 없습니다. 저자는 독자의 생각을 움켜쥐고 긴박하게 그 깊고 넓은 말씀의 바닷속으로 인도합니다. 마지막 장을 덮을 때까지 추리소설보다 더 흥미롭게 가슴에서 흘러나온 이야기로 독자의 시선을 붙잡는 감동은 이 책의 특별한 선물입니다.

오정현 사랑의교회 담임목사

성경 텍스트에 충실하면서도 일상의 세계와 깊이 닿아있는 저자의 설교는 청중의 심령 안으로 파고 들어간다. 언제 들어도 흥미롭고 감동적이다. 학문적 언어를 일상의 언어로 풀어내 청중과 거리감이 없다. 신학자이면서 탁월한 설교자의 면모를 잘 드러낸 저자의 명설교는 이미 한국 교회의 많은 강단에서 충분히 입증되었는데, 이제 한 권의 책으로 나오게 되어 독자들에게는 큰 선물이 아닐 수 없다.

이규현 수영로교회 담임목사

탁월한 신학자이며 동시에 목회자의 따뜻한 마음을 지닌 저자의 메시지가 독자의 손에 들려지게 되었습니다. 이 책은 다양한 삶의 현장에서 살아가는 성도들이 일희일비하지 않도록 영적 내공을 쌓게 해줍니다. 성도의 정체성을 확실하게 붙잡게 하는 근거를 말씀의 원리를 따라 제공합니다. 그리하여 믿음생활의 기준을 재조정할 수 있도록 힘을 더합니다. 이런 의미에서 본서는 세상을 순례하는 성도가 신뢰할 수 있는 내비게이션을 장착하도록 도와주는 친절한 안내서입니다.

오정호 새로남교회 담임목사,
제자훈련목회자협의회(CAL-NET) 이사장

한국 구약 신학계를 대표하는 김지찬 교수님의 설교문을 책으로 접하게 된 것은 한국 교회를 위한 또 하나의 은혜입니다. 저자의 설명처럼 "주석 방법론에 따라 본문의 진리를 찾아낸 후" 그 내용을 이해하기 쉽게 설명하고 적용하기에 모범적인 설교를 현장에서 생동감 있게 듣는 것과 같습니다. 정확한 성경 해석과 적절한 예화는 성도뿐 아니라 신학생에게도 실제적인 은혜와 유익을 줄 것입니다. 김지찬 교수님이 어느덧 은퇴를 5년 앞두게 되었다는 사실이 아쉬울 뿐입니다.

김태일 계산교회 담임목사, 교회갱신협의회 대표 회장

평소 늘 존경하고 사모하는 김지찬 교수님의 글을 추천하는 것은 큰 즐거움이요 기쁨입니다. 더욱이 우리 삶에서 만나는 여러 시련과 고통, 두려움 가운데서도 낙심하지 않고 믿음으로 살도록 격려하는 위로와 소망이 담긴 책이니 더욱 감사할 일이 아닐 수 없습니다. 많은 성도가 이 책이 보여 주는 대로 성경을 묵상하고 적용하는 법을 잘 배워서, 믿음의 실력이 더욱 일취월장해 가기를 기대합니다. 하나님께서 이 책을 통하여 우리 삶과 조국 사회에 하나님 나라가 풍성히 임하게 하시기를 기도하며 기쁜 마음으로 추천합니다.

화종부 남서울교회 담임목사

들어가는 글

믿음으로 사는 즐거움을 누리다

"설교는 100퍼센트 인간의 일이며, 오직 하나님께서 사용하셔야만 신적인 일이 된다." 위대한 종교개혁자 존 칼빈이 한 말입니다. 목사가 되고 설교를 하는 것이 일상이 되면서 저는 이 말이 온몸을 전율케 하는 진리임을 갈수록 실감나게 경험하고 있습니다.

설교가 100퍼센트 인간의 일일진대 설교자는 준비에 최선을 다해야 하므로 설교는 제게 늘 큰 부담이었습니다. 설교 부탁을 받는 순간부터 본문을 택하고 어떤 설교를 해야 할지 오랫동안 고민에 시달렸습니다. 하지만 아무리 준비를 잘하더라도 하나님께서 사용하셔야만 신적인 일이 되기에 결국 설교를 신적으로 만드는 일은 설교자가 아니라는 사실에 위로를 받았습니다.

국제제자훈련원에서 그동안 사랑의교회에서 한 설교를 모아 책을 내자고 제안했을 때 처음에는 조금 망설였습니다. 과연 책으로 출판할 만큼 좋은 설교였는지에 대한 부담이 컸기 때문입니다. 그러나 이제 은퇴를 5년 앞둔 시점에서 제 설교 사역에 대해서도 정리가 필요하고, 저 역시 다른 설교자들의 격려와 비판도 받아야 하기에 책으로 문자화하여 독자들 앞에 보이기로 했습니다.

1부는 두려움으로 가득 찬 인생이 어떻게 하면 인생의 곤한 짐을 내려놓고 한계를 극복할 수 있는지를 다루고 있습니다.

열두 살 먹은 딸의 죽음 앞에 선 야이로, 막강한 적들의 연합 공격으로 풍전등화와 같은 심정이 된 아하스왕, 갈릴리 바다의 풍파 앞에 "우리가 죽게 된 것을 어찌 돌아보지 아니하십니까?"라고 울부짖던 열두 제자의 모습에서 우리는 자화상을 보며, 두려움은 피할 수 없는 인간의 실존적 정서임을 알게 됩니다.

우리가 인간 실존의 한계를 극복하게 되는 것은 "두려워 말고 믿기만 하라"며 지금도 말씀으로 다가오시는 주님 덕분입니다. "네 딸은 죽은 것이 아니라 잔다"고 말씀하시며 시신이 되어 누워 있는 딸 앞으로 나아가는 주님, 고통 가운데 함께하시며 "보라, 처녀가 잉태하여 아들을 낳을 것이요 그의 이름을 임마누엘이라 하리라" 하고 표징을 주며 위로하시는 하나님, "너희가 어찌하여 믿음이 없느냐, 왜 두려워하느냐"며 말씀과 함께 풍랑을 잠잠케 하시는 능력의 주님이 우리 배에 함께 타고 계시기에 우리는 어떤 두려움도 이겨낼 수 있습니다.

죽음과 원수의 공격, 인생의 풍파 앞에서 두려워할 수밖에 없는 우리 인생길에 동행하시며, 인생 배에 친히 타신 주님을 바라보는 것이 해결책임을 살펴보았습니다.

2부는 우리를 두렵게 할 뿐 아니라 실존적인 질문을 던지는 일상 사건 속에서 믿음으로 사는 길을 탐구합니다. 매일 먹고사는 문제로 치열하게 고민하고 살아갈 수밖에 없는 우리는 어떻게 염려에서 자유로운 삶을 살 수 있을까요?

재산을 다 팔아 가난한 자들에게 나누어주고 자신을 따르라는 말씀을 외면했다는 이유로 어려서부터 계명을 지켜온 부자 관원은 바늘구멍 앞에 선 낙타 취급을 받습니다. 그와 별반 다르지 않은 우리는 돈이 우상인 세상에서 구원받는 것이 과연 가능할까요?

세상이 제시하는 행복한 사람의 기준과 시편 기자가 복 되다고 부러워하는 사람의 기준은 참 다릅니다. 비슷한 말씀을 많이 들어서 머리로는 익숙하지만, 우리는 실제 삶에서 주님의 기준에 어느 정도로 공감하며 살아가고 있을까요? 우리는 어떻게 해야 이런 복을 누릴 수 있을까요?

믿음으로 살려고 해도 끝내 깊은 웅덩이에 빠질 때가 종종 있습니다. 아무도 도와줄 수 없는 깊은 데 빠졌을 때 우리는 어떻게 해야 할까요? 이런 문제를 2부에서 다룹니다.

3부는 그리스도인의 핵심 정체성과 과제와 소명을 다루었습니다. 믿음 안에서 자라가는 성도의 특징은 '단단한 음식'도 잘 소화해서 자기 것으로 만드는 데 있습니다. 가령 '원수 사랑'이 가능하기나 한 것인지, "하나님의 나라와 그의 의"를 일상에서 실천한다는 뜻은 무엇인지, 자주 들어왔지만 오해하고 있는 "빛과 소금"으로 살아간다는 것의 성경적 의미에 대해 우리가 온전한 사람, 그리스도의 장성한 분량까지 자라가는 데 필요한 고민과 말씀 적용을 담았습니다.

설교는 주석 방법론에 따라 본문의 진리를 찾아낸 후에 이 진리를 잘 설명하고, 체험된 진리를 우리 삶의 현장에 어떻게 적용해야 하는지 예화 등을 더해 강대상에서 하나님 말씀으로 선포하는 행위입니다. 그동안 나름대로 이렇게 설교하려고 애쓰긴 하였으나, 책 안에 담긴 설교가 이런 설교의 정의를 어느 정도 잘 구현해냈는지의 판단은 이 책을 손에 든 독자들 몫으로 남겨둡니다.

끝으로 오정현 목사님께서 사랑의교회 강단을 내어주지 않으셨다면 본서는 빛을 보지 못했을 것입니다. 초청해주신 오정현 목사님과 사랑의교회 당회 장로님들께 깊은 감사를 드립니다. 또한, 설교하러 갈 때마다 기쁨으로 환영하며 설교를 경청해주신 모든 교우 여러분에게 감사를 드립니다. 국제제자훈련원 출판부의 제안과 도움으로 설교집이 나올 수 있었기에 이분들께도 고마운 마음이 큽니다. 사랑의교회에서 설교할 때마다 안아주심의 본당에 직접 와서 듣기도 하고, 같은 설교를 인터넷 방송으로 여러 번 듣고 은혜받았다고 말해주는 아내의 격려와 믿음으로 잘 자라준 예지, 진솔, 진우와 사위 범준이의 사랑에 늘 힘을 얻습니다. 하지만 이 모든 일은 인간의 설교를 신적인 일로 만드시는 성령 하나님의 도우심이 아니면 그저 공허한 꽹과리 소리에 지나지 않기에, 설교자들의 인간적 노력을 신적인 사역으로 만들어가시는 성령 하나님께 모든 영광과 감사를 돌립니다.

2019년 3월 27일
용인의 서재에서
김지찬

추천의 글   4
들어가는 글   7

1부
말 못 할 인생의 짐을 내려놓다

01 – 두려움으로 인생이 무너져갈 때   막 5:21~24, 35~43   17
02 – 우리는 어떤 하나님을 믿고 있는가   사 7:1~16   39
03 – 인생의 풍랑을 피할 수 없다면   막 4:35~41   61

2부
인생이 묻다, 믿음이 답하다

04 – 하루 치 믿음만 있어도 괜찮다   마 6:24~34   87
05 – 삭개오와 부자 관리: 구원의 역설   눅 18:18~30   109
06 – 복 있는 사람, 그 형통의 비밀   시 1:1~6   133
07 – 깊은 데서 부르짖나이다   시 130:1~8   155

3부
영적 성숙을 위한 성장 질문

08 – 하나님 나라를 보는 눈이 있는가   마 20:1~16   179
09 – 원수 사랑, 가능한가?   롬 12:17~21   203
10 – 세상의 소금, 그 가공할 소명   마 5:11~13   225

1부 – 말 못 할 인생의 짐을 내려놓다

01
—
두려움으로
인생이 무너져갈 때

21 예수께서 배를 타시고 다시 맞은편으로 건너가시니 큰 무리가 그에게로 모이거늘 이에 바닷가에 계시더니 22 회당장 중의 하나인 야이로라 하는 이가 와서 예수를 보고 발 아래 엎드리어 23 간곡히 구하여 이르되 내 어린 딸이 죽게 되었사오니 오셔서 그 위에 손을 얹으사 그로 구원을 받아 살게 하소서 하거늘 24 이에 그와 함께 가실새 큰 무리가 따라가며 에워싸 밀더라 (…)
35 아직 예수께서 말씀하실 때에 회당장의 집에서 사람들이 와서 회당장에게 이르되 당신의 딸이 죽었나이다 어찌하여 선생을 더 괴롭게 하나이까 36 예수께서 그 하는 말을 곁에서 들으시고 회당장에게 이르시되 두려워하지 말고 믿기만 하라 하시고 37 베드로와 야고보와 야고보의 형제 요한 외에 아무도 따라옴을 허락하지 아니하시고 38 회당장의 집에 함께 가사 떠드는 것과 사람들이 울며 심히 통곡함을 보시고 39 들어가서 그들에게 이르시되 너희가 어찌하여 떠들며 우느냐 이 아이가 죽은 것이 아니라 잔다 하시니 40 그들이 비웃더라 예수께서 그들을 다 내보내신 후에 아이의 부모와 또 자기와 함께 한 자들을 데리시고 아이 있는 곳에 들어가사 41 그 아이의 손을 잡고 이르시되 달리다굼 하시니 번역하면 곧 내가 네게 말하노니 소녀야 일어나라 하심이라 42 소녀가 곧 일어나서 걸으니 나이가 열두 살이라 사람들이 곧 크게 놀라고 놀라거늘 43 예수께서 이 일을 아무도 알지 못하게 하라고 그들을 많이 경계하시고 이에 소녀에게 먹을 것을 주라 하시니라

마가복음 5:21~24, 35~43

인간에게는 누구나 소원이 있습니다. 늘 소원을 빌고 그것이 이루어지길 기도합니다. 그러나 소원은 좋은 것이지만, 때로는 상처를 줍니다. 소원이 좌절되면 실망이 더 크기 때문입니다. 더욱이 인간의 가장 기본적인 소원마저도 하나님이 들어주시지 않는다고 느껴지면 우리는 절망할 수밖에 없습니다. 악한 자는 잘나가는데 선한 사람은 도리어 고통에서 헤어나오지 못하는 모습을 보면서 낙망하지 않을 수 없습니다.

아내는 분당에 있는 한 교회에서 장애부 교사를 했습니다. 장애부 학부형 중에 나이가 아내와 비슷한 또래가 있었습니다. 이 자매는 결혼 후 중증 장애아를 낳았고, 남편은 바람을 피우다가 아이 핑계를 대며 이혼을 요구했습니다. 그렇게 혼자 20년 이상 아이를 키우다가 그만 유방암이 찾아왔습니다. 이 자매의 딱한 사정을 듣고 온 교우는 금요 기도회 등을 통해 열심히 기도했습니다. 하나님이 소원을 들어주신 것처럼 보일 만큼 자매는 몇 년 동안 건강했고, 본인도 완치된 줄로 알았습니다. 하나님의 치유 경험을 간증하면서 사람들의 심금을 울리기도 하였습니다. 그러나 얼마 후 암이 림프샘으로 전이되었다는 사실을 알았습니다. 그 후 암 병동에 입원했고, 시한부 인생을 살면서도 삶에 대한 의욕이 강했습니다. 죽기 얼마 전까지도 남은 재산 2,000만 원을 아끼려고 간병인을 쓰지 않고 혼자 버티려고 할 정도였습니다. 하루는 아내가 병문안을 갔는데, 너무 안타까워 간병인 비용을 주었다고 합니다. 교우들은 돌아가면서 병문안을 했고 온 교우가 매달려 치유의 역사를 허락해달라고 기도했습니다. 그러나 이런 간청과 기도에도 몇 달 후 자매는 하나님의 부르심을 받았습니다. 아내는 자매와 나이가 동갑이어서 그랬는지 그녀의 죽음을 몹시 슬퍼했습니다.

본인이 그렇게 살기를 소원했고, 교회 전체가 기도로 매어 달렸건만, 고통스러운 삶만 살던 자매의 간청을 하나님께서는 왜 들어주지 않으셨을까요? 간절히 기적을 구하는 우리 손을 이렇게 부끄럽게 만드시는 이유는 무엇일까요? 간절히 찾게 해놓고는 우리 요구를 완전히 무시함으로써 우리를 굴종시키려는 고도의 정치적 수단인 걸까요?

언뜻 보면 그런 분처럼 느껴질 때도 있습니다. 그렇게 사치스러운 소원도 아닌데, 기본적인 삶의 바람조차 외면하시는 건 아닐까? 많이 간청하고 엎드렸음에도 기대와는 정반대로 일이 진행될 때 우리는 절망에 빠질 수밖에 없습니다. 이럴 때 정말 어떻게 해야 합니까? 도대체 하나님은 왜 우리를 이런 절망으로 몰아넣으시는 것입니까? 우리는 이 질문을 염두에 두고 야이로 이야기를 볼 필요가 있습니다. 야이로 또한 많이 간청하고 엎드렸음에도 큰 절망을 경험했기 때문입니다.

무릎 꿇고 간청하는 야이로

한 사람이 체면을 버리고 예수님 발 앞에 엎드려 간청합니다.

> 회당장 중의 하나인 야이로라 하는 이가 와서 예수를 보고 발아래 엎드리어 간곡히 구하여 이르되(막 5:22~23).

다른 사람의 발 앞에 엎드린다는 것은 체면과 위신을 다 포기했을 때 나오는 행동입니다. 인간의 몸짓 중에 무릎 꿇기만큼 그 의미를 명확하게 전달하는 몸짓은 찾기 어렵습니다. 무릎을 꿇는다는 것은 완전한 패배를 인정한다는 뜻입니다.

1970년 12월 7일, 빌리 브란트(Willy Brandt) 전 독일 총리는 폴란드와 독일과의 관계 정상화를 규정하는 바르샤바 조약을 체결하기 위해 독일 총리로는 처음으로 폴란드를 방문했습니다. 브란트가 폴란드에 도착하여 바르샤바의 전쟁 희생자 유령탑으로 안내를 받았을 때 전 세계는 믿기 힘든 장면을 목격합니다. 비에

젖은 바닥에 브란트 수상이 털썩 무릎을 꿇은 것입니다. 독일 국민을 대표하는 수상이 무릎을 꿇었습니다, 그의 눈에는 눈물이 흐르고 있었습니다. 그것은 감동이었습니다. 이 장면을 지켜보던 폴란드 국민도 함께 뜨거운 감동의 눈물을 흘렸습니다.

이렇게 무릎을 꿇는 것은 상대방 앞에서 전적인 패배를 인정하고 절대적으로 의존한다는 의미입니다. 따라서 웬만해서 사람들은 무릎을 꿇지 않습니다. 마가복음에서 예수님의 "발 앞에 무릎을 꿇는" 경우는 오직 두 번 등장합니다. 야이로를 제외하면 수로보니게 여인이 딸에게서 귀신을 쫓아달라고 요청할 때 무릎을 꿇는 모습을 보입니다(막 7:25~26).

그런데 이 사람은 예수님 앞에 무릎을 꿇었습니다. 그뿐만 아니라, 간청하였습니다. "간곡히 구하여 이르되." 마가복음 기자는 '간곡히' 구했다고 했습니다. 한두 번 점잖게 부탁한 것이 아니라, 수없이 여러 번 간구한 것입니다. 체면을 버리고 수없이 여러 번 간청한 것으로 보입니다.

그는 회당장이었습니다. 예수님 당시 회당에는 회당의 일을 관장하는 장로들 모임이 있었는데 그중 대표인 회당장은 "회당 예배를 관장하는 지도자"입니다. 직접 예배를 주관하지는 않지만, 예배 담당자를 결정하고 예배가 제대로 이루어지도록 감독하는 일을 하기에 매우 중요하며 존경받는 자리였습니다.

당시 예수님은 무리의 환영은 받았지만, 가버나움의 바리새인들에게는 미움의 대상이었습니다. 마가복음 3장을 보면, 안식일 날 회당에서 손 마른 사람을 고쳐준 일로 인해 바리새인들은 헤롯당과 함께 예수를 죽이기로 결의합니다(막 3:6). 이런 예수의 발 앞에 엎드려 간청하는 일은 동료 바리새인과 회당의 장로들에게 따돌림을 받을 수도 있는 충격적인 행동이었습니다. 게다가 그는 공개적으로 이런 행동을 합니다.

인간의 한계 앞에 선 야이로

그러나 야이로는 개의치 않았습니다. 야이로가 회당장으로서 이런 파격적인 행동을 한 이유는 어디에 있습니까? 그의 어린 딸이 죽어가고 있었기 때문입니다.

42절을 보면 "어린 딸"은 당시 열두 살이었습니다. 유대법에 의하면 여자아이는 열두 살이 지나면 성인으로 취급받습니다. 야이로의 딸은 이제 막 성인이 된 것입니다. 애지중지 키운 딸이 이제 막 성인이 될 나이에 병들어 죽게 되었으니, 야이로의 마음은 더욱 아팠습니다. 딸을 키워본 분들은 이런 야이로의 마음을 압니다. 수필가 피천득은 《인연》이란 수필집에서 딸에 대해 어머니 다음으로 세상에서 아름다운 여인이라고 말합니다.

내 일생에는 두 여성이 있다. 하나는 나의 엄마고 하나는 서영이다. 서영이는 나의 엄마가 하느님께 부탁하여 내게 보내주신 귀한 선물이다. 서영이는 나의 딸이요 나와 뜻이 맞는 친구다. 또 내가 가장 존경하는 여성이다. 자존심이 강하고 정서가 풍부하고 두뇌가 명석하다. 값싼 센티멘탈리즘에 흐르지 않는, 지적인 양 뽐내지 않는 건강하고 명랑한 소녀다. 버릇이 없을 때가 있지만, 나이가 좀 들면 괜찮을 것이다.

사내 녀석들은 뻣뻣하기 그지없지만, 딸은 아이스크림처럼 애교가 철철 넘칩니다. 제 딸도 이미 다 커버렸지만, 딸은 아빠에겐 하나님이 주신 가장 큰 선물입니다. 제 딸이 스무 살이 갓 넘었을 때였습니다. 사춘기 때 성격이 비슷해서 한판 붙던 어느 날 "난 아빠 같은 사람이랑 결혼하지 않을 거야"라고 내뱉은 딸의 말은 내겐 실연의 아픔보다 더 크게 느껴졌지만, 지금도 딸을 보면 꽃처럼 예쁘다고 생각합니다.

자기 힘으로는 어찌할 수 없는 외동딸의 죽을병 앞에서 야이로는 인간의 한계를 느꼈습니다. 어디에서도 희망이 보이지 않자, 야이로는 예수의 발 앞에 엎드려 간청하기 시작합니다.

> 오셔서 그 위에 손을 얹으사 그로 구원을 받아 살게 하소서(막 5:23하).

아버지로서 딸을 위한 마지막 사랑의 간청이었습니다.

두려움이 내 영혼을
갉아먹기 시작할 때

무릎을 꿇고 간구하는 애절한 사랑의 간청에 대해 예수께서 어떤 말씀을 하셨는지는 언급되어 있지 않습니다. 마가는 예수께서 "야이로와 함께 가셨다"라고만 밝히고 있습니다. 아마 야이로는 주님이 간청을 들어주시고 자기와 동행한다는 데 안도감을 느꼈을 것이고, 기뻐하며 집으로 모셨을 것입니다.

하지만 큰 무리가 따라가며 에워싸 미는 바람에 앞으로 나아가는 일에는 어려움이 많았습니다. 마가복음 5장 25~34절을 보면 혈루증 앓는 여인이 예수님의 옷자락을 만진 일로 약간의 소동이 있었고, 가는 길은 방해를 받았습니다. 불행하게도 그러는 사이 야이로의 딸이 죽고 말았습니다. 이 소식을 들은 야이로가 보인 반응에 대해 성경은 침묵합니다. 그러나 예수께서 "그 하는 말을 곁에서 들으시고 회당장에게 이르시되 두려워하지 말고 믿기만 하라"고 하신 것을 보면 두려움에 사로잡혔던 것으로 보입니다. 죽음이라는 위기 앞에서 회당장 집 사람들이 보인 태도는 야이로가 얼마나 두려워했는지 충분히 설명하고 있습니다. 야이로의 딸이 죽자 이들은 어떤 태도를 보입니까?

> 당신의 딸이 죽었나이다. 어찌하여 선생을 더 괴롭게 하나이까?(막 5:35)

딸이 죽었는데 더 이상 무슨 소용이 있느냐는 것입니다. 물론 말은 점잖기 그지없습니다. 그러나 그 뒤에는 엄청난 좌절감과 함께 심지어 조소마저 들어 있습니다. 그들의 말은 이런 의미입니다. "지금 딸이 죽었는데, 예수님을 붙잡고 있어 봤자 무슨 소용입니까? 와서 딸을 위해 울어야 할 것 아닙니까? 그리고 장례 치를 준비라도 해야 하는 것 아닙니까? 이 판국에 예수가 무슨 소용이 있습니까?"

사람이 이미 죽었는데 예수님에게도 무슨 뾰족한 수가 있겠느냐는 것입니다. 발 앞에 가서 엎드려 빌고 간청했음에도 아무 소용이 없지 않았습니까? 엉뚱하게 혈루증 앓는 여인 때문에 시간을 다 보냈는데 이제 모든 것은 허사가 아닙니까?

하나밖에 없는 딸의 죽음은 그에게 절망이었습니다. 인생에서 가장 소중한 것을 빼앗겼다는 두려움이 그를 사로잡았을 것입니다. 외동딸의 죽음이라는 비보를 접한 야이로의 마음을 우리는 충분히 이해할 수 있습니다.

실제로 우리 인생은 두려움을 줄 만한 일로 가득 차 있습니다. 경기도 안 좋은데 계속 이렇게 살다가는 경제적인 어려움을 겪을지도 모른다는 두려움, 주변 사람이 자기를 어떻게 평가할 것인가에 대한 두려움, 앞날이 불투명하다는 두려움, 인생에서 가장 소중한 것을 빼앗길지도 모른다는 두려움, 불치병에 걸릴지 모른다는 두려움, 죽음의 공포가 주는 두려움 등이 우리를 에워싸곤 합니다.

곁에서 들으시는 주님

아무리 하나님의 자녀라고 해도 두려움을 전혀 느끼지 않고 살 수는 없습니다. 예수께서도 두려워하는 야이로에게, 왜 두려워하느냐고 꾸짖지 않으셨습니다.

> 예수께서 그 하는 말을 곁에서 들으시고 회당장에게 이르시되 두려워하지 말고 믿기만 하라 하시고 (막 5:36).

"두려워하지 말고 믿기만 하라." 이것은 죽음의 비보를 듣고 망연히 서 있던 야이로에게 주님이 하신 말씀이었습니다. 진정한 믿음은 두려워할 수밖에 없는 순간에 두려움을 다스리는 것입니다.

두려움이 엄습할 때 그 두려움을 다스리는 힘은 어디에서 나옵니까? 흔히 말하는 대로 "밤이 캄캄할수록 아침이 더 가깝기" 때문입니까? 아니면 "구름 위에는 언제나 태양이 빛나기" 때문입니까? 아니면 용기를 내면 얼마든지 두려움을 극복할 수 있기 때문입니까? 물론 이런 말은 우리를 잠시 위로하고 두려움을 누그러뜨리기도 합니다. 하지만 두려움으로 가득 찬 이 세상에서 이런 것들은 근본적인 해결책이 되지 못합니다.

우리가 두려움을 극복할 수 있는 이유는 주님이 곁에서 듣고 계시기 때문입니다. 우리를 두려움에 빠뜨리는 불행한 소식을 주님은 못 들은 척 넘기시지 않습니다. 그리고 말씀하십니다.

두려워하지 말고 믿기만 하라(막 5:36).

이 한 마디뿐이었습니다. 예수님은 그의 딸이 죽은 이유를 장황하게 설명하지 않으셨습니다. 혈루증 여인과 씨름하느라 이렇게 지체되었다며 변명하지도 않으십니다. 오직 한 마디, "두려워하지 말고 믿기만 하라" 이것이 전부였습니다.

어쩌면 야이로는 이것으로 충분했는지 모릅니다. 우리는 자신이 당하는 시련과 환난의 이유와 원인을 알고 싶어 합니다. 그러나 원인과 이유를 정확히 알았다고 문제가 해결되는 것은 아닙니다. 문제 해결의 열쇠는 다른 데 있습니다. "두려워하지 말고 믿기만 하라." 이것이 바로 열쇠입니다.

어린아이와 엄마의 대화를 들어보면 이것을 알 수 있습니다. 아이들은 밤에 혼자 자는 것을 무서워합니다. 저희 막내도 방문 닫는 것을 싫어했습니다. 방문을 열어 놓고 잘 때가 많았습니다. 어떤 아이들은 악몽 때문에 밤을 무서워하고, 어둠을 싫어합니다. 엄마가 잠자리에 아이를 눕히고 마지막으로 뽀뽀하려고 하면 이렇게 말합니다. "엄마, 나 정말 무서워. 나쁜 사람들이 자꾸 날 쫓아온단 말이야."

이렇게 말하면 어머니는 보통 어떻게 합니까? 꿈은 그저 꿈일 뿐이라고, 설혹 나쁜 사람이 오더라도 널 해칠 수는 없다고 이성적으로 설명합니까? 아닙니다. "애야, 걱정하지 마라. 엄마가 널 지켜줄게. 항상 네 옆에 있을 거야. 그러니까 걱정하지 말고 잘 자." 엄마가 밤새 눈뜨고 옆에 있는 것도 아니고, 다른 방에서 잠을 자는데 무슨 수로 아이를 꿈에서 보호할 수 있겠습니까? 그러나 아이들은 이 말을 듣고 잠자리에 들지 않습니까?

절망에서 피어나는 신뢰

내 힘으로는 감당이 안 되는 슬픈 소식 앞에 망연히 서 있는 우리에게 "두려워하지 말고 믿기만 하라"고 말씀하는 분은 누구십니까? 온 세상을 홀로 다스리시는 만왕의 왕 아닙니까? 주님은 우리 소원이 좌절되어 두려워할 때 이렇게 말씀하십니다. "두려워하지 말고 나를 믿기만 해라. 내가 너와 함께하리라. 내가 너를 지키리라."

야이로는 이 한마디 말씀으로 큰 힘을 얻었습니다. 그리하여 죽은 딸을 향해 주님과 함께 나아갑니다.

> 베드로와 야고보와 야고보의 형제 요한 외에 아무도 따라옴을 허락하지 아니하시고 회당장의 집에 함께 가사…(막 5:37~38).

이 얼마나 큰 신뢰입니까? 죽어 싸늘하게 누워 있는 딸의 시신을 향해 믿음으로 주님과 동행하는 모습을 상상해보십시오. 주님께서는 당신의 백성에게 이렇게 도전하시고자 가던 길을 멈추고 잠시 지체하셨던 것입니다. 회복될 길이 없는 상황 속으로 예수님을 모시고 가도록 하려고, 우리의 작은 소원을 무산시키고 절망 가운데 잠시 두시는 것입니다. 죽음이 마지막이 아님을 보여주면서 절망에서 희망을 이야기하며 그리스도와 동행하는 삶을 살도록 하려고 우리가 소중히 여기는 그 무엇, 즉 '어린 딸'을 죽게 하시는 것입니다. 우리의 소원이 당장은 이루어지지 않는다고 하더라도, 그것이 끝이 아니며 궁극적인 소망은 남아 있음을 절망 한복판에서 노래하도록 우리의 소원을 무산시키는 것입니다.

주님은 죽음 한복판에서도 부활이 있음을 보여주기 위해 직접 십자가를 지고 무덤에도 들어가셨습니다. 무덤은 육신이 썩고 해체되며 먼지로 사라지는 붕괴의 장소가 아닙니까? 그러나 예수께서는 우리를 대신해서 그리고 우리와 함께 죽기로 작정하셨을 뿐만 아니라 이 궁극적인 절망의 장소에도 들어가기로 작정하셨습니다. 절망의 밭에 희망의 씨를 뿌린다는 것이 무엇인지를 보여주시려고 절대 절망의 장소 한가운데로 들어가신 것입니다.

그러고는 무덤에서 부활하셔서 엠마오로 가는 제자들과 동행하시면서 죽음이 아닌 생명에 관해 이야기하셨습니다.

예수께서는 이렇게 절망의 장소에서 희망을 말씀하시는 분입니다. 엠마오로 가는 제자들이 온통 죽음에 대해 이야기하고 있을 때, 예수는 생명에 관해 말씀하십니다. 썩고 악취 나며 어두운 무덤이라 할지라도 예수께서 우리의 인생길에 동행하시면 절망의 순간에 희망을 이야기할 수 있습니다. "두려워하지 말고 믿기만 하라." 엠마오로 가는 두 제자처럼 우리가 풀이 죽어 있을 때도 예수께서는 언제나 희망을 이야기하십니다.

이러한 예수님의 소망은 약속에 기초합니다. 무슨 일이 있더라도 하나님은 언제 어디에서든지 우리와 함께 계시리라는 약속에서 출발합니다. 이렇게 예수님의 제자인 우리는 사람들이 절망할 수밖에 없는 세상에서 희망의 사람이 되어 희망의 공동체를 세우라고 부름받았습니다. 절망의 밭에 희망의 씨를 뿌리는 자들로 소명을 받은 것입니다.

이를 위해 우리는 예수께서 희망을 말씀하시는 무덤으로 가야 합니다. 마치 야이로가 예수님과 함께 싸늘하게 죽어 누운 딸의 시신을 향해 나아갔듯 말입니다. 이것은 오늘날 세상의 절망을 정직하게 직면하라는 의미입니다. 절망을 만나지 않고는 희망으로 갈 수 없습니다. 참된 절망을 맛보기 전에는 희망이 무엇인지 알지 못하기 때문입니다.

따라서 주님께서 우리 소원을 들어주시지 않아 절망을 느낄 때, 불평하고 원망하는 것이 아니라, 절망 한가운데서 희망을 이야기해야 합니다. 죽어 있는 시신을 향해 소망의 노래를 부르며 주님과 함께 걸어가야 합니다.

그러나 이 일은 쉬운 것이 아닙니다. 신앙 없는 사람들이 볼 때는 비웃을 만한 일입니다.

회당장의 집에 함께 가사 떠드는 것과 사람들이 울며 심히 통곡함을 보시고 들어가서 그들에게 이르시되 너희가 어찌하여 떠들며 우느냐 이 아이가 죽은 것이 아니라 잔다 하시니 그들이 비웃더라(막 5:38~40).

절망의 밭에서 희망의 씨를 뿌려본 적이 한 번도 없는 사람들에게는 죽은 시신이 살아난다고 말하는 것 자체가 비웃을 일입니다. 그러나 믿지 않는 사람들이 조롱하고 비웃는다 해도 전혀 문제 되지 않습니다. 야이로와 동행하신 주님은 죽은 자를 살리시는 분이기 때문입니다. 주님께는 죽은 자조차도 잠자는 자와 다를 바가 없음이 곧 드러날 것입니다. 그러기에 절망의 정점을 향해 주님과 함께 믿음의 발걸음을 내딛는 것은 우스꽝스러운 일이 아닙니다. 믿음이 흔들리기 쉬운 위기의 순간을 잘 넘긴다면 하나님의 영광을 볼 수 있기 때문입니다.

주님은 떠들며 우는 자들을 모두 내어 보낸 후에 야이로의 딸이 죽어 누워 있는 곳에 다가오셨습니다.

예수께서 그들을 다 내보내신 후에 아이의 부모와 또 자기와 함께한 자들을 데리시고 아이 있는 곳에 들어가사 그 아이의 손을 잡고 이르시되 달리다굼 하시니 번역하면 곧 내가 네게 말하노니 소녀야 일어나라 하심이라(막 5:40~41).

그러자 소녀는 마치 자던 자가 깨어 일어나듯 일어났습니다.

소녀가 곧 일어나서 걸으니 나이가 열두 살이라. 사람들이 곧 크게 놀라고 놀라거늘(막 5:42).

만일 주님께서 그와 함께 가시다가 혈루증으로 앓는 여인을 고쳐주기 위해 발걸음을 멈추지 않으셨다면, 야이로는 딸이 죽음 가운데서 다시 살아나는 부활의 능력을 경험하지 못했을 것입니다. 절망의 밭에서도 희망을 노래할 수 있음을 야이로는 꿈도 꾸지 못했을 것입니다.

절망의 한복판에서
희망을 이야기하는 사람

고(故) 장영희 교수(서강대 영문학과)는 한국 영문학계의 거목인 서울대 장왕록 교수의 딸로서, 영어신문 〈코리아타임스〉에 10년 넘게 칼럼 "Crazy Quilt"(조각이불)을 연재하고 〈조선일보〉에 "영미시 산책"이라는 칼럼을 기고하며 잘 알려진 지성인입니다. 장

교수는 한 살 때부터 두 다리를 쓰지 못하는 소아마비 1급 장애였으나 신앙으로 시련을 딛고 일어나 열정적으로 살았던 아름다운 분이었습니다. 2004년 9월에 〈조선일보〉에 기고한 칼럼에서 그는 이렇게 말합니다.

신은 인간의 계획을 싫어하시는 모양이다. 올가을 나는 계획이 참 많았다. 이제껏 연재했던 '문학의 숲'을 책으로 묶어 내는 일, 여름에 쓰던 논문을 마무리하는 일, 번역 한 권을 새로 시작하는 일, 그리고 올해만은 꼭 어머니와 함께 가을 여행을 떠나는 일 등…. 이 계획들이 다 성사된다면 난 참 행복할 것이라고 생각했다. 장영희의 삶은 그런대로 잘나가고 있다고 자부했다.

3년 전 이야기를 해야 할 것 같다. 안식년이라 나는 하버드대 방문교수 자격으로 보스턴에 있었다. 그냥 무심히 보험료 밑천 뺀다고 건강 검진을 하다가 대번에 유방암 판정을 받고 그곳에서 수술 두 번 받고 귀국, 방사선 치료를 받고 깨끗이 완치되었다. 학교에도, 가까운 친지들에게도 알리지 않고 말끔히 마무리한 셈이었다. 나는 속으로 쾌재를 불렀다. "흠, 역시 장영희군. 남들이 무서워서 벌벌 떠는 암을 이렇게 초전박살 내다니…."

그러다가 된통 뒤통수를 맞은 것이다. 지난여름부터 느꼈던 허리와 목의 그 지독한 통증은 결국 유방암이 목 뒤 경추 3번으로 전이되었기 때문이고, 척추암이라고 했다. "빨리 입원하라"는 전화를 받았을 때, 이상하게 나는 놀라지 않았다. 꿈에도 예기치 않았던 일인데도 마치 드디어 올 것이 왔다는 듯, 그냥 풀썩 주저앉았을 뿐이다.

뒤돌아보면 내 인생에 이렇게 넘어지기를 수십 번. 남보다 조금 더 무거운 짐을 지고 가기에 좀 더 자주 넘어졌고, 그래서 어쩌면 넘어지기 전에 이미 넘어질 준비를 하고 있었는지도 모른다. 그러나 신은 다시 일어서는 법을 가르치기 위해 넘어뜨린다고 나는 믿는다. 넘어질 때마다 번번이 죽을힘을 다해 다시 일어났고, 넘어지는 순간에도 나는 다시 일어설 힘을 모으고 있었다.

그리고 그렇게 많이 넘어져 봤기에 조금 더 좋은 사람이 되었다고 나는 확신한다. 입원한 지 3주째, 병실에서 보는 가을 햇살은 더욱 맑고 화사하다.

생명을 생각하면 끝없이 마음이 선해지는 것을 느낀다. 행복, 성공, 사랑…, 삶에서 최고의 가치를 지닌 이 단어들도 생명이라는 단어 앞에서는 모두 한낱 군더더기에 불과하다. '살아 있음'의 축복을 생각하면 한없이 착해지면서 이 세상 모든 사람, 모든 것을 포용하고 사랑하고 싶은 마음에 가슴 벅차다. 그러고 보니 내 병은 더욱더 선한 사람으로 태어나라는 경고인지도 모른다.

(장영희, "문학의 힘", 〈조선일보〉, 2004년 9월 25일자)

장영희 교수는 자신에게 주어지는 인생의 고통과 비극을 더 선한 사람으로 태어나라는 하나님의 경고로 받아들입니다. 육신의 고통과 절망 가운데서 영적으로 성숙하게 하시려는 하나님의 손길을 느끼고 오히려 희망을 노래했습니다.

소원이 좌절되어 절망 가운데 빠지면, 많은 사람은 그 안에 담긴 하나님의 놀라운 손길을 경험하지 못한 채 불평하고 원망하기 마련입니다. 적지 않은 그리스도인은 C. S. 루이스가 표현했듯이 "자기를 치료하려는 의사를 몰라보고, 자신을 죽이려는 해부학자인 줄 알고 죽을힘을 다해 의사를 할퀴고 물려고" 하는 수술대 위의 고양이처럼 행동합니다.

그런데 놀랍게도 장영희는 그런 고통이 자신을 조금은 더 좋은 사람으로 만든 것 같다고 고백하면서, 절망의 밭에서 희망을 노래합니다. 많은 불신자가 이러한 장 교수의 고백과 삶에서 희망을 경험했습니다. 절망의 밭에 희망의 씨를 뿌리는 것이 그리스도인의 소명임을 장 교수는 자신의 불편한 온몸으로 잘 보여 주었습니다.

그리고 그녀는 존 던(John Donne)의 "죽음이여 뽐내지 말라"는 시를 소개합니다.

> 죽음이여 뽐내지 말라, 어떤 사람들은 그대를
> 강하고 무섭다 말하지만, 그대는 그렇게 강하고 무섭지 않아
> 그대가 쓰러뜨렸다고 생각하는 사람들은 죽지 않았고
> 가련한 죽음이여, 그대는 나도 죽이지 못해.
>
> 그대의 그림에 불과한 휴식과 잠에서

많은 기쁨이 흘러나온다면
그대에게선 더 많은 기쁨이 흘러나오리라.

우리 중에 가장 훌륭한 이들이 가장 먼저 그대를 따라가지만
이는 그들 육체의 안식이며, 영혼의 구원이니. (…)

짧게 한잠 자고 나면 우리는 영원히 깨어
더 이상 죽음은 없으리
죽음, 그대가 죽으리라.

  이런 고백과 시를 들으면서 우리는 자연스레 야이로 이야기를 떠올립니다. 주님이 가던 길을 멈추어 지체된 나머지 야이로의 딸이 죽지 않고는, 죽음의 세력에 굴복한 절망의 세상에서 진정한 희망이 무엇인지를 보여줄 수 없기에 주님께서는 야이로의 딸이 죽을 때까지 지체하신 것입니다.
  물론 죽음과 시련과 위기 앞에서 우리는 두려워하는 것이 어쩌면 당연한 존재입니다. 우리는 자신이 얼마나 연약한가를 분명히 느낍니다. "두려워하지 말고 믿기만 하라"는 주님의 격려 없이는 절망의 나락으로 한없이 추락할 수밖에 없는 것이 우리입니다. 그러나 비록 우리가 무서움을 느낄지라도 "두려워하지 말고 믿기만 하라"는 주님의 말씀을 끝까지 붙들고 주님을 신뢰한다면 죽음을 이기고 승리할 수 있습니다.

시련을 당하는 당시는 고통스럽고 두렵습니다. 그때는 야이로에게 주신 말씀을 기억하십시오. "두려워하지 말고 믿기만 하라." 인생의 짐으로 여러 번 넘어진다 해도 두려워하지 마시기 바랍니다. 주님이 일으켜 세워주실 것이기 때문입니다. 하나님은 다시 일어서는 법을 가르치기 위해 우리를 넘어뜨리신다는 장영희 교수의 말을 기억하십시오.

때로 우리의 소원을 들어주지 않으시고, 우리를 절망 가운데로 끌고 가시는 것은 "절망의 밭에 희망의 씨를 뿌리기" 위해서임을 잊지 말아야 합니다. 내가 가장 소중히 여기는 것이 사라질 것 같은 두려움이 엄습하더라도, 주님의 말씀을 가슴에 새기고, 절망의 한복판에서 희망을 이야기하는 진정한 하나님의 백성이 됩시다. 우리는 "짧은 한잠 지나면 영원히 깨어나는" 부활의 백성임을, 무덤처럼 차갑고 어두운 이 세상 한가운데서 온몸으로 노래하는 존재로 살아갑시다.

02

우리는
어떤 하나님을
믿고 있는가

❀

1 웃시야의 손자요 요담의 아들인 유다의 아하스 왕 때에 아람의 르신 왕과 르말리야의 아들 이스라엘의 베가 왕이 올라와서 예루살렘을 쳤으나 능히 이기지 못하니라 2 어떤 사람이 다윗의 집에 알려 이르되 아람이 에브라임과 동맹하였다 하였으므로 왕의 마음과 그의 백성의 마음이 숲이 바람에 흔들림 같이 흔들렸더라 3 그 때에 여호와께서 이사야에게 이르시되 너와 네 아들 스알야숩은 윗못 수도 끝 세탁자의 밭 큰 길에 나가서 아하스를 만나 4 그에게 이르기를 너는 삼가며 조용하라 르신과 아람과 르말리야의 아들이 심히 노할지라도 이들은 연기 나는 두 부지깽이 그루터기에 불과하니 두려워하지 말며 낙심하지 말라 5 아람과 에브라임과 르말리야의 아들이 악한 꾀로 너를 대적하여 이르기를 6 우리가 올라가 유다를 쳐서 그것을 쓰러뜨리고 우리를 위하여 그것을 무너뜨리고 다브엘의 아들을 그 중에 세워 왕으로 삼자 하였으나 7 주 여호와의 말씀이 그 일은 서지 못하며 이루어지지 못하리라 8 대저 아람의 머리는 다메섹이요 다메섹의 머리는 르신이며 육십오년 내에 에브라임이 패망하여 다시는 나라를 이루지 못할 것이며 9 에브라임의 머리는 사마리아요 사마리아의 머리는 르말리야의 아들이니라 만일 너희가 굳게 믿지 아니하면 너희는 굳게 서지 못하리라 하시니라
10 여호와께서 또 아하스에게 말씀하여 이르시되 11 너는 네 하나님 여호와께 한 징조를 구하되 깊은 데에서든지 높은 데에서든지 구하라 하시니 12 아하스가 이르되 나는 구하지 아니하겠나이다 나는 여호와를 시험하지 아니하겠나이다 한지라 13 이사야가 이르되 다윗의 집이여 원하건대 들을지어다 너희가 사람을 괴롭히고서 그것을 작은 일로 여겨 또 나의 하나님을 괴롭히려 하느냐 14 그러므로 주께서 친히 징조를 너희에게 주실 것이라 보라 처녀가 잉태하여 아들을 낳을 것이요 그의 이름을 임마누엘이라 하리라 15 그가 악을 버리며 선을 택할 줄 알 때가 되면 엉긴 젖과 꿀을 먹을 것이라 16 대저 이 아이가 악을 버리며 선을 택할 줄 알기 전에 네가 미워하는 두 왕의 땅이 황폐하게 되리라

이사야 7:1~16

MBC 휴먼 다큐멘터리 〈사랑〉에 소개된 풀빵 엄마 이야기는 '우리는 어떤 하나님을 믿고 있는가' 하는 질문을 던지게 합니다. 주인공 최정미 씨는 소아마비 장애우로, 이혼 후에 풀빵을 팔아 두 아이를 키우는 싱글 맘이었습니다. 2007년 7월 소화불량으로 병원에 갔다가 위암2기 진단을 받고 수술을 받았습니다. 그러나 4개월 만에 암이 전이되어, 2년밖에 살 수 없다는 사망 선고를 받았으면서도 오직 한 가지 소원만 이야기합니다. "제가 살아 있기만 한다면, 이 아이들 옆에 있기만 한다면, 다른 건 다 자신 있어요. 노점을 해서라도 아이들 먹일 수 있고, 아이들의 그늘막이 되어줄 수 있어요."

24시간을 보육센터에 살던 일곱 살 큰딸 은서가 하는 말을 들으면 더 가슴이 저며옵니다. "내가 엄마한테 잘해준 것이 있으면 좋겠는데, 근데 잘해주는 게 없어요. 엄마한테. 하나님한테 기도하면 나을 수 있을까요. 다른 애들 잘 때, 매일 기도해요."

위기의 순간,
나는 어떤 하나님을 믿는가?

이런 간절한 바람과 딸 아이의 기도에도 아랑곳없이 방송 후 두 달 만에 그녀는 그만 세상을 떠나고 말았습니다. 당시 인터넷 게시판에서는 풀빵 엄마를 언급하면서 아예 신이란 존재는 없다고 주장하는 사람들을 쉽게 볼 수 있었습니다. "어쩌면 그렇게도 애절한 기도를 하나님은 왜 들어주지 않으셨을까? 특별한 바람도, 과한 욕심도 없이 그저 아이들과 함께 오래 살고 싶다는 기도를 하나님은 왜 응답하지 않으셨을까? 어쩌면 신은 존재하지 않는지도 모른다."

반면에 어떤 이들은 "하나님은 세상일에는 관여하지 않다가 마지막에 심판하는 분"이라고 주장합니다. "저는 하나님은 세상 돌아가는 일에 아예 관여를 안 한다고 봅니다. 부자가 됐다면 상황이 잘 맞아떨어졌고 노력해서 된 거겠죠. 말기 암이 나았다면 기적인 거겠죠. 그렇다면 하나님은 사람을 가려서 기도를 들어주시나요? 예를 들어 풀빵 엄마를 봅시다. 축복하려면 이런 사람을 축복해야 하지 않나요? 세상이 너무 불공평한데, 하나님이 관여한 게 이 정도라면 그게 더 어이없는 게 아닌가 싶습니다. 차라리 관여를 안 하고 모든 건 하늘나라에서 심판한다고 하는 게 더 나을 것 같네요."

이런 주장을 들으면 우리는 무슨 생각이 듭니까? 솔직하게 말을 안 해서 그렇지, 하나님은 그저 나를 바라만 보고 계실 뿐 내 일에는 관여하시지 않는다고 느낀 적이 적어도 한두 번은 있다고 고백하지 않을 수 없습니다. 한 그리스도인의 댓글은 이런 느낌을 잘 대변합니다.

> 하나님의 최대의 관심사는 죄에 물든 사람들의 영혼을 회복하여 천국에서 영원한 동반자가 되게 하는 것에 있습니다. 그러한 목적으로 때로는 기도 응답을 할 수도, 안 할 수도 있고, 부하게도 하고 가난하게도 하시지만 기본적으로는 질문하신 분의 말처럼 이 세상일 자체에 크게 관심을 두지 않으세요. 어떤 환경에서도 각자가 주님을 찾아올 수 있는 다양한 상황들을 끝없이 주시며, 모쪼록 각자의 마음이 절실해져서 주님을 찾기만을 바라실 뿐이랍니다.

하나님은 그저 멀찍감치 서서 바라보실 뿐 세상일에 세세하게 관여하지는 않으신다는 생각을 불신자뿐 아니라 그리스도인도 이처럼 자주 합니다. 주변을 돌아보면 악인이 잘되고 착한 사람이 고통을 받은 경우가 훨씬 많기에, 세상 역사는 인간의 선이나 악과는 관계없이 진행된다는 생각을 그리스도인도 은연중 많이 합니다.

물론 우리는 이방원의 회유를 거절하다 목숨을 잃은 정몽주를 충신으로 칭찬합니다.

이 몸이 죽고 죽어 일백 번 고쳐 죽어
백골이 진토되어 넋이라도 있고 없고
님 향한 일편단심이야 가실 일이 있으랴.

도덕 시간에는 정몽주의 '단심가'가 멋있어 보이지만, 실제 삶에서는 이방원의 '하여가'가 더 매력적으로 들립니다.

이렇게 산들 어떠하며 저렇게 산들 어떠하리
만수산의 칡덩굴이 서로 얽혀진 것처럼 살아간들 어떠하리
우리도 이와 같이 얽혀져 한평생을 누리리라.

대부분은 정몽주보다 이방원처럼 살아갑니다. 심지어 그리스도인조차 그렇습니다. 그러나 이것은 놀랄 일이 아닙니다. 하나님은 그저 멀찍감치 서서 바라보다가 가끔 간섭할 뿐, 세상 모든 일에 관여하시는 분은 아니라는 생각이 든다면, 그리스도인이라 할지라도 위기의 순간에는 하나님의 뜻보다는 인간적인 수단과 방법을 동원할 것이기 때문입니다. "우리와 함께하시는 하나님"을 믿고 하나님의 뜻을 삶의 유일한 지표로 삼고 살아가는 임마누엘 신앙이 없이는, 힘의 논리에 굴복하지 않고 어떤 것도 두려워하지 않으며 살아가는 일 자체가 불가능합니다.

이사야 7장에 나오는 아하스를 통해 성경이 말하는 임마누엘 신앙이 무엇인지를 함께 살펴보면서 "우리와 함께하시는 하나님

임재"를 경험하는 시간으로 삼아봅시다.

내가 원하지 않는 방식으로 함께하실 때

아하스는 겨우 20세에 왕좌에 오릅니다. 그는 오르자마자 왕으로서 최대 위기를 맞습니다. 친앗수르 외교 정책을 쓰는 아하스를 굴복시키려고 아람 왕과 이스라엘 왕이 동맹을 맺고 유다를 공격해왔기 때문입니다. 그때가 주전 735년입니다.

> 어떤 사람이 다윗의 집에 알려 이르되 아람이 에브라임과 동맹하였다 하였으므로 왕의 마음과 그의 백성의 마음이 숲이 바람에 흔들림같이 흔들렸더라 (사 7:2).

아하스와 유다 백성이 이렇게 두려워한 이유가 무엇입니까? 역대하 28장을 보면 이스라엘 왕 베가 혼자서만 유다에서 하루에 무려 12만 명을 죽이고, 아내와 자녀를 합해 20만 명을 포로로 잡아간 적이 있었기 때문입니다 (대하 28:5~8, 16~18). 그런데 이제 두 왕이 연합하여 유다를 공격하기로 했다니 아하스와 백성은 공황 상태에 빠지지 않을 수가 없었습니다.

바로 이때 하나님께서는 이사야와 그의 아들 스알야숩을 보내 두려워하지 말라는 메시지를 아하스에게 전하십니다.

> 너는 삼가며 조용하라. 르신과 아람과 르말리야의 아들이 심히 노할지라도 이들은 연기 나는 두 부지깽이 그루터기에 불과하니 두려워하지 말며 낙심하지 말라. … 대저 아람의 머리는 다메섹이요 다메섹의 머리는 르신이며 육십오 년 내에 에브라임이 패망하여 다시는 나라를 이루지 못할 것이며(사 7:4, 8).

제3자인 우리는 남의 이야기니까 선지자의 메시지가 힘과 위로가 되었을 거로 쉽게 생각합니다. 그러나 당사자인 아하스에게는 전혀 위로가 되지 못했을 것입니다. 천군 천사를 보내도 신통치 않을 판에 달랑 선지자와 그 아들만 보내시고는 "두려워하지 말며 낙심하지 말라"는 말뿐이니, 해도 해도 너무하시는 것 아닙니까? 게다가 선지자가 데려온 아들 이름이 스알야숩, 즉 "남은 자는 돌아온다"라니 도대체 누굴 놀리시는 것입니까? 적의 동맹군 앞에서 왕과 백성의 마음이 바람 앞 수풀처럼 마구 흔들리고 있는데 하루 이틀도 아니고 자그마치 65년이 지나서야 에브라임이 패망할 것이라는 약속의 말씀만 믿고 하나님만 신뢰하라니, 이는 어떻게 보아도 쉬운 일이 아닙니다.

아하스가 하나님을 신뢰하기 어려웠던 이유가 여기 있습니다. "말씀을 통해 우리와 함께하시는 하나님의 방식"을 아하스는 쉽게 받아들일 수 없었습니다. 그러나 성경의 하나님은 밖에서 세상을 보시다가 우리가 위기에 처할 때마다 기적적으로, 우리의 반응과 상관없이 삶에 간섭하시는 그런 분이 아닙니다.

하나님은 미래에 일어날 일을 말씀하시며 자기 뜻을 드러내시고, 백성이 절대적으로 자신을 신뢰할 것을 기대하시며 우리와 동행하시는 분입니다. 여호와께서는 "말씀을 통해 우리와 함께하시는 하나님"입니다.

물론 이런 임마누엘 신앙으로 하나님 말씀에만 의지하여 살아가는 것은 쉬운 일이 아닙니다. 특히 적대적인 세력이 강하면 강할수록 더욱 그렇습니다. 그러나 이렇게 하지 않고는 "우리와 함께하시는 하나님"을 경험할 수 없습니다. 자기 생각과 뜻을 알리시고 이에 대한 인간의 반응을 보시며 함께 걸어가는 분이 아니라면, 어떻게 우리와 함께하실 수 있단 말입니까?

이것은 결혼 생활에서도 마찬가지입니다. 결혼이란 앞으로 무슨 일이 생길지 몰라도, 배우자가 정확히 어떤 사람인지 몰라도, "기쁠 때나 슬플 때나, 건강할 때나 병들었을 때도, 부할 때나 가난하게 될 때, 언제 어디서든지 한 몸이 되어 서로에게 충성하기로 맹세하며 미래를 향해 함께 걸어가겠다"라고 맹세하는 사랑의 결합이 아닙니까? 따라서 부부를 평생의 동반자, 평생을 함께하는 친구라고 부릅니다. 물론 동행은 쉬운 일이 아닙니다. 친한 친구와도 함께 여행하면서 틀어지는 경우가 있기 때문입니다. 하물며 평생을 함께 같은 마음으로 산다는 것은 결코 쉽지 않습니다.

저와 아내는 성격이 너무 다릅니다. MBTI 성격유형 검사를 해보면, 저는 ISTJ(내향-감각-사고-판단)이고, 아내는 ENFP(외향-직관-인식-감정)입니다. 에너지를 얻고 쓰는 방식에서 저는 안에서 에너지를 얻고 사용하는 것도 안으로 쓰는 내향형(Introversion)이지만, 아내는 밖에서 에너지를 얻고 또 그것을 밖으로 쓰는 외향형(Extroversion)입니다.

정보 인식 방식에서 저는 사실에 기초한 오감, 즉 보고, 듣고, 만지고, 냄새 맡고, 맛을 느끼는 구체적 감각을 중요시하는 감각형(Sensing)이지만, 아내는 오감보다는 육감을 더 중시하는 직관형(iNtuition)입니다.

무엇을 결정할 때 저는 논리적이고 객관적인 기준이 있으면 의사결정 하기가 더 편한 사고형(Thinking)인 반면, 아내는 그때그때의 기분을 더 중시해서 판단하는 감각형(Feeling)입니다.

삶을 살아가는 방식과 관련해서 저는 어느 정도에서 정보를 차단하고 판단하는 판단형(Judging)인데, 아내는 정보를 계속 받아들이고 판단을 유보하는 인식형(Perceiving)입니다. 저는 가게에서 물건을 사면서 두세 군데에서 비교하고 바로 결정을 내립니다. 하지만 아내는 끊임없이 정보를 받아들이면서 판단을 유보하고 무한정 매장을 돕니다. 이미 물건을 사고는, 지나가다 비슷한 물건이 있으면 들어가 다시 가격을 봅니다. 잘 샀는지 못 샀는지 확인하고 싸게 샀다고 좋아합니다. 저는 비싸게 샀을 가능성이 조금이나마 있으면 기분이 나빠지니까 비슷한 것은 아예 쳐다도 안 봅니다.

이렇게 다를지 전혀 몰랐지요. 만난 지 3개월 만에 결혼했으니 누군지 잘 모르고 결혼을 한 것입니다. 아마도 너무 달랐기에 매력을 느낀 것 같습니다.

그러나 비록 성격이 너무 달라도, 그리고 미래가 어떻게 전개될지 몰라도 문제가 되지 않습니다. 어차피 결혼은 서로가 누군지 몰라도, 미래가 어떻게 전개될지 몰라도 둘이 하나가 되어 서로에게 충성하기로 맹세하고 미래를 향하여 온몸을 던지는 전적인 헌신이기 때문입니다.

빌리 그레이엄이 〈오프라 윈프리쇼〉에 출연했을 때였습니다. 오프라가 그레이엄 목사에게 54년 동안 한 여인과 행복한 결혼 생활을 할 수 있었던 비결이 무엇인가 질문했습니다. 이때 빌리 그레이엄의 대답은 예상 밖이었습니다. "아내 룻과 나는 서로 안 맞지만, 행복하게 살고 있습니다"(Ruth and I are happily incompatible). 전혀 예상치 못한 답변이었습니다.

서로 다르지만, 행복할 수 있다는 것입니다. 아니, 다르기 때문에 오히려 서로 보완하면서 얼마든지 행복할 수 있습니다. 곰곰이 생각하면 이 말에는 결혼 생활의 놀라운 비결이 들어 있습니다.

우리와 하나님과의 관계도 마찬가지입니다. 하나님과 우리는 달라도 너무 다릅니다. 서로 공존이 완전히 불가할 정도입니다(Totally incompatible). 그러나 "우리와 함께하시는 하나님"을 받아들이면 얼마든지 동행하면서 행복할 수 있습니다. 유한한 인간이 굳게 서는 방법은 오직 "우리와 함께하시는 하나님"을 굳게 의지하고 살아가는 데 있습니다.

말씀에 대한 인간의 반응을 보며 개입하시는 하나님

아하스가 굳게 서는 길에는 다른 방법이 없습니다. 이사야 선지자를 통해 주신 하나님 말씀에 근거하여 "우리와 함께하시는 하나님"을 굳게 믿어야 합니다. 하나님은 이런 사실을 아하스에게 보여주시고 말씀을 믿으라고 하십니다.

> 만일 너희가 굳게 믿지 아니하면 너희는 굳게 서지 못하리라
> (사 7:9하).

만일 아하스가 말씀을 받아들이지 않고 하나님을 굳게 믿지 않는다면 아하스는 굳게 서지 못합니다. 그 이유가 무엇입니까? 여호와 하나님은 세상 밖에서 그저 관찰만 하는 존재가 아니라, 세상 안에 들어오셔서 말씀을 대하는 인간의 반응과 행동에 따른 결과가 미래에 분명히 드러나도록 세상을 움직이시는 분이기 때문입니다. 만일 아하스가 굳게 믿지 않는다면, 하나님은 이런

아하스의 불신이 미래에 굳게 서지 못하는 결과를 낳도록 역사를 만들어가실 것이기 때문입니다.

그동안 많은 사람은 성경의 하나님을 오해하여 세상 밖에서 백성을 관찰하다가 상이나 벌을 주는 것이 필요하면 가끔 간섭하는 그런 분으로 생각했습니다. 어떤 사람은 하나님께서는 세상 밖에 계시며 간섭하지 않고 바라만 보고 있다가 마지막 때에 각자가 행한 대로 심판하시는 분이라고 생각했습니다.

그러나 성경의 하나님은 그렇게 일하지 않습니다. 하나님은 세상 안에 들어오셔서, 인간이 하나님의 말씀에 어떻게 반응하는지에 따라 그 결과가 미래에 분명히 드러나도록 세상을 움직이십니다. 다시 말해 "우리와 함께하시는 하나님"이십니다. 우리는 이 같은 사실을 주변에서 종종 볼 수 있습니다.

지방의 어떤 교회에서 20년 전에 있었던 일입니다. 유통 매장의 직원을 중심으로 모인 신우회 교회가 있었습니다. 1980년 말에 부임한 목사님은 10여 년 만에 100여 명의 교인을 1,500명의 중대형 교회로 성장시켰습니다. 그러던 중에 핵심 중직자가 문제를 일으키기 시작했습니다. 신우회 교회였기에 교인과 교회의 중심 역할을 했던 사장님이 교회가 커지면서 소외감을 느낀 것입니다.

매장 지하에 있는 예배 처소를 교회에 기증했던 이분이 다시 자신에게 그곳을 돌려달라고 요구하더니 끝내는 소송까지 제기했습니다. 담임목사는 그야말로 황당한 요구를 받았지만, 기도하면서 예배 처소를 돌려주기로 마음먹고 공동 의회 안건으로 올렸습니다. 1,500명 가까운 교인이 새로운 공간을 마련하지도 못한 상황에서 이 목사님은 공동 의회 직전, 예배 처소를 그냥 돌려주었으면 좋겠다는 요지의 설교를 했습니다. 그래서 제가 어떤 내용이었느냐고 물었습니다.

"죽은 자를 만짐으로 말미암아 스스로를 더럽히지 말[라]"(레 21:1)는 말씀을 중심으로 설교했지요. 예배 처소를 하나님께 드렸다가 다시 달라고 하는 것을 보니 그분은 죽은 것이다, 시체를 만지면 부정해진다, 그러니 예배 처소를 그냥 돌려주자, 라는 요지였습니다.

이에 교우들이 하나님 말씀에 감동을 받아 절대다수의 지지로 아무 조건 없이 예배 처소를 돌려주기로 공동 의회에서 가결했습니다. 여기까지는 충분히 가능한 일입니다. 그런데 그 후에 어떻게 예배 공간을 마련할 수 있었는지, 그리고 예배 처소를 무리하게 요구한 분에게 일어난 이야기를 들으면서 저는 하나님께서 인간의 현재 행동의 결과를 미래에 그대로 드러나게 하신다는 사실에 두려워졌습니다.

새로운 예배 공간을 확보하지 못해 고통을 당하던 중에 희소식이 들려 왔습니다. 근처 교회가 교회당을 크게 건축하였으나, 그 와중에 교회가 분열되어 오랫동안 다투는 바람에 어느 쪽도 예배당을 유지할 능력이 없게 되자, 이 목사님에게 교회당 인수를 요청한 것입니다.

그렇게 우여곡절 끝에 인수한 후 인테리어 공사를 장로들에게 맡기고 외국으로 출타하기 위해 공항으로 가는 도중에 놀라운 뉴스를 듣습니다. 그 유통 매장이 부도가 나서 경매로 넘어갔다는 소식이었습니다. 예배 처소를 하나님께 드렸다가 다시 달라고 요구했던 분은 육체로는 살아 있으나 이미 죽었음을 하나님은 드러내셨습니다.

이처럼 하나님은 말씀에 대한 반응의 결과가 미래에 고스란히 드러나도록 하십니다. 그런 점에서 하나님은 "우리와 함께하시는 하나님"이십니다.

임마누엘의 표징이 주어진 때를 주목하라

그러나 아하스는 말씀을 통해 "우리와 함께하시는 하나님"을 신뢰하지 못했습니다. 앗수르를 의지하면 얼마든지 위기를 극복할 수 있다고 생각한 것 같습니다. 따라서 이사야의 메시지에 긍정적인 반응을 보이지 않습니다. 9절 이후에 아하스의 반응이 전혀 언급되지 않은 것을 보면 묵묵부답이었던 것 같습니다.

이에 하나님은 아하스에게 징조를 구하라고 하십니다. 표징을 구하는 것을 좋아하지 않으시는 하나님이 먼저 아하스에게 그렇게 하라고 하신 이유는 무엇일까요? 필요하다면 표징을 통해서라도 아하스를 도와주시겠다는 것입니다. 그러나 놀랍게도 아하스는 "나는 구하지 아니하겠나이다. 나는 여호와를 시험하지 아니하겠나이다"라고 말합니다. 겉으로는 매우 경건해 보이나 실제로는 이를 핑계로 하나님의 말씀을 신뢰하지 않으려 했음을 보여줍니다.

하나님은 아하스의 불신으로 피곤함마저 느끼셨으나 표징을 주시기로 하셨습니다.

> 그러므로 주께서 친히 징조를 너희에게 주실 것이라. 보라 처녀가 잉태하여 아들을 낳을 것이요 그의 이름을 임마누엘이라 하리라. 그가 악을 버리며 선을 택할 줄 알 때가 되면 엉긴 젖과 꿀을 먹을 것이라. 대저 이 아이가 악을 버리며 선을 택할 줄 알기 전에 네가 미워하는 두 왕의 땅이 황폐하게 되리라(사 7:14~16).

현재 처녀인 여자가 결혼하여 아들을 낳게 될 것이고, 여자가 그의 이름을 임마누엘이라고 부를 터인데, 그가 자라 소년이 되어 악을 버리고 선을 택할 줄 아는 나이가 되면, 다시 말해 도덕적으로 분별력이 생겨 법적 책임을 질 나이인 12~13살이 되면, 아람과 이스라엘이 멸망당하고 황폐하게 되리라고 합니다. 이 아기가 "하나님이 우리와 함께하신다"는 표징이라고 말합니다.

여기서 '표징'이라고 할 때는 시간이 지나고 나중에 확인해보라는 의미로 쓴 말이 아닙니다. 미래에 이런 일이 일어날 테니 지금 여기서 하나님만 의지하고 임마누엘 신앙을 가지라고 요청하는 말씀입니다.

그러나 아하스는 표징을 주신 하나님의 의도를 이해하지 못했고 끝내는 불신의 길을 가고 맙니다. 놀랍게도 이 말씀은 실제로 성취됩니다. 다메섹과 이스라엘은 3년 후에 앗수르의 공격으로 폐허가 되고, 13년 후인 주전 722년에 이스라엘은 앗수르에게 아예 멸망당합니다. 그리고 에브라임은 65년 후인 670년에 이방인이 대거 유입된 후에 통혼으로 사마리아인들로 바뀌면서 민족적 정체성을 완전히 상실합니다.

우리는 "하나님이 우리와 함께하신다"는 진리를 가장 강력하게 보여주는 임마누엘의 표징이 아하스의 불신으로 하나님이 피곤해하시는 중에 주신 표징임을 주목할 필요가 있습니다. 우리와 함께하시는 하나님을 믿지 못하는 인간을 위해 이로부터 740년 후에 영원한 말씀이신 하나님의 아들이 친히 육신이 되어 우리 가운데 직접 거하셨습니다. 그것도 백마 탄 황제의 모습으로 왕궁에 오신 것이 아닙니다. 아기의 모습으로 말구유에서 나시고, 33년 동안 인간과 함께 거하시며 온갖 고난을 당하시고, 마침내는 십자가에 못 박혀 죽으심으로, 인간의 모든 고통을 온몸으로 겪으셨습니다.

고통 한가운데서
함께 걸으시다

그러기에 우리 하나님은 풀빵 엄마가 고통당할 때 모른 척하신 분이 아니십니다. 풀빵 엄마가 고통당할 때 그와 함께하신 분입니다. 이 같은 사실을 그녀가 알았는지는 우리로선 알 길이 없습니다. 그러나 하나님은 지금도 고통하는 자들과 함께 고통당하시는 "우리와 함께하시는 하나님"입니다.

지금 원치 않는 질병으로, 실직으로, 가정의 여러 우환으로 고통스럽습니까? 아무리 오래 기도해도 응답이 없습니까? 하나님은 그저 먼 곳에서 바라만 보실 뿐 내가 당한 급박한 일에는 별 관심이 없는 것처럼 보입니까? 때로는 이런 느낌이 들 때도 있지만, 실상은 그렇지 않습니다.

하나님은 바라만 보시는 것이 아니라, 우리의 고통 한복판으로 들어와 "두려워하지 말라"며 위로하시고, 최후 승리의 약속을 주시면서 우리와 함께하시는 임마누엘의 하나님입니다. 이 하나님을 굳게 의지한다면 우리는 어떤 고통, 어떤 위기에서도 흔들리지 않고 굳게 설 수 있습니다.

마르틴 루터는 종교 개혁을 추진하면서 전 유럽이 요동치는 격랑을 겪을 때마다 임마누엘의 하나님을 의지하며 위로와 힘을 얻었습니다. 종종 마음이 외롭고 아플 때면 친구인 필립 멜랑히톤에게 "시편 46편을 노래하자"고 했습니다.

하나님은 우리의 피난처시요 힘이시니 환난 중에 만날 큰 도움이시라. 그러므로 땅이 변하든지 산이 흔들려 바다 가운데에 빠지든지 바닷물이 솟아나고 뛰놀든지 그것이 넘침으로 산이 흔들릴지라도 우리는 두려워하지 아니하리로다. … 만군의 여호와께서 우리와 함께하시니 야곱의 하나님은 우리의 피난처시로다(시 46:1~3, 6).

내가 믿는 하나님은 어떤 분이십니까? 멀리서 지켜보다가 가끔 기적적으로 간섭하시는 분(Deus ex machina, 데우스 엑스 마시나)입니까? 아니면 멀리서 바라보기만 할 뿐 간섭은 하지 않고 나중에 심판하시는 분입니까? 아니면 우리와 함께 계시며 우리 삶을 주관하시는 분입니까?

그리스도인이라면 당연히 "우리와 함께하시며 우리 삶을 주관하시는" 하나님을 믿는다고 답할지 모릅니다. 그러나 문제는 그렇게 단순하지 않습니다. 오늘날 많은 그리스도인은 말과 생각으로는 "우리와 함께하시는 하나님"을 믿는다고 하지만, 그들의 삶과 행동을 보면 하나님은 그저 멀리서 지켜보다가 가끔 기적으로 간섭하시거나 멀리서 바라만 볼 뿐 간섭하지 않는 분으로 보이기 때문입니다. 그러므로 한 사람이 실제로 어떤 하나님을 믿고 있는지를 알려면 그가 하는 말이 아니라 삶과 행동을 보아야 하는 법입니다. 내가 삶과 행동으로 세상에 증거하는 하나님은 어떤 분입니까?

제자직의 두 가지 본질

"우리와 함께하시는 하나님"의 의미를 지금까지 상세하게 살핀 이유가 무엇입니까? 단지 우리 삶 가운데서 힘들고 고통스러울 때마다 위로받으려고 하는 것이 아닙니다. "우리와 함께하시는 하나님"이 그리스도인의 본질을 규정하기 때문입니다. 마가복음 3장 14~15절에 따르면, 그리스도인은 "우리와 함께하시는 하나님"이 세상에서 불러내어 "자기와 함께 있게" 한 존재이기 때문입니다.

> 이에 열둘을 세우셨으니 이는 자기와 함께 있게 하시고(that they may be with him) 또 보내사 전도도 하며(and that he may send them forth to preach) 귀신을 내쫓는 권능도 가지게 하려 하심이러라.

우리는 여기서 제자직의 본질 두 가지를 볼 수 있습니다. 주님께서 열두 제자들을 부르신 것은, 첫째 자신과 함께 있게 하고, 둘째 그들을 파견하여 복음을 전하고 섬기게 하기 위함입니다. 첫 문장에서는 부름받은 제자들이 주어지만(that they may be with him), 두 번째 문장에서는 예수님이 주어로 나옵니다(and that he may send them forth to preach). 여기에는 중요한 가르침이 들어 있습니다.

"이는 [그들이] 자기와 함께 있게 하시고." 무슨 뜻입니까? 부르심은 주님에게서 오지만, 주님과 함께 있느냐 있지 않으냐는 우리에게 달려 있다는 의미입니다.

주님은 말씀이 육신이 되어 우리와 함께하시는 하나님이십니다. 이 하나님이 우리를 제자로 불러 주셨습니다. 따라서 우리는 주님과 함께 있어야 합니다. 그 이유는 무엇입니까? 그저 주님과 사랑을 나누며 교제하기 위함입니까? 그것만은 아닙니다. 우리가 예수님과 함께 있어야만 그분의 파견 명령을 들을 수 있기 때문입니다.

예수님과 함께 있지 않다면 언제 주님이 우리를 파견하는지 알 수 없습니다. 이런 의미에서 제자직의 본질을 나타내는 둘째 문장에서는 주어가 예수 그리스도로 바뀝니다. 이렇게 "말씀이 육신이 되어 우리 가운데 거하시는 하나님"이신 주님은 우리를 불러 당신과 함께 있게 하시고, 그리고 우리를 다시 세상 속으로 보내십니다. 마태복음 28장에는 주님이 우리를 파송하시는 모습이 잘 드러납니다.

> 예수께서 나아와 말씀하여 이르시되 하늘과 땅의 모든 권세를 내게 주셨으니 그러므로 너희는 가서 모든 민족을 제자로 삼아 아버지와 아들과 성령의 이름으로 세례를 베풀고 내가 너희에게 분부한 모든 것을 가르쳐 지키게 하라. 볼지어다. 내가 세상 끝 날까지 너희와 항상 함께 있으리라 하시니라(마 28:18~20).

우리를 부르신 분은 누구이십니까? "하늘과 땅의 모든 권세를 가지신 분" 아닙니까? 그분이 세상을 다스리는 방식은 무엇입니까? 제자들을 불러 자기와 함께하시고, 그리고 세상으로 파송하시며 모든 민족을 제자로 삼아 세례를 베풀고 주님께서 우리에게 분부한 모든 것을 가르쳐 지키게 하시는 방식으로 세상을 다스리십니다.

주님은 이 시간도 우리를 불러 제자 삼으셔서 주님과 함께 있게 하신 후에 다시 세상으로 파송하십니다. 주님의 부르심을 받고 주님과 함께 있다가 주님의 파송을 받아 복음을 전하는 길에 우리 모두 서 있습니다. 이 길을 가는 동안 우리는 그 무엇도 겁낼 필요가 없습니다. 심지어는 죽음도 두려워할 필요가 없습니다. 평강의 왕, 영광의 주가 세상 끝날까지 우리와 항상 함께하실 것이기 때문입니다.

03

인생의 풍랑을
피할 수 없다면

❀

35 그 날 저물 때에 제자들에게 이르시되 우리가 저편으로 건너가자 하시니 36 그들이 무리를 떠나 예수를 배에 계신 그대로 모시고 가매 다른 배들도 함께 하더니 37 큰 광풍이 일어나며 물결이 배에 부딪쳐 들어와 배에 가득하게 되었더라 38 예수께서는 고물에서 베개를 베고 주무시더니 제자들이 깨우며 이르되 선생님이여 우리가 죽게 된 것을 돌보지 아니하시나이까 하니 39 예수께서 깨어 바람을 꾸짖으시며 바다더러 이르시되 잠잠하라 고요하라 하시니 바람이 그치고 아주 잔잔하여지더라 40 이에 제자들에게 이르시되 어찌하여 이렇게 무서워하느냐 너희가 어찌 믿음이 없느냐 하시니 41 그들이 심히 두려워하여 서로 말하되 그가 누구이기에 바람과 바다도 순종하는가 하였더라

마가복음 4:35~41

인간은 본능적으로 풍랑 없는 삶을 원합니다. 성도들도 "인생 배에 예수를 모시면 순풍에 돛단 듯이 살 수 있을 것"이라고 기대합니다. 하지만 과연 그럴까요? 예수께서 바닷가에서 무리를 가르치시던 날, 저녁이 되자 제자들에게 "저편으로 건너가자"고 명하셨습니다. 36절은 제자들이 "무리를 떠나(아피에미) 예수를 배에 계신 그대로 모시고 [갔다]"라고 적고 있습니다.

마가는 비슷한 상황에서 "배에 올라타다"(엠바이노; 막 4:1, 5:18)라는 동사를 사용했는데, 여기서는 "무리를 떠났다"고 적었습니다. '떠나다'는 동사 '아피에미'는 원래 제자들이 그물을 '버리고', 아버지와 품꾼들을 '버리고' 예수를 따랐다고 했을 때 사용한 용어입니다(막 1:16~20). 그렇다면 마가가 굳이 이 동사를 사용한 이유가 무엇일까요? 제자들이 '직업'과 '식구'는 물론 이번에는 무리마저 '버려두고' 예수를 따르고 있음을 강조하고자 함입니다.

이렇게 모든 것을 버리고 주님을 따르면 무슨 보상이 있어야 하는 것 아닐까요? 언젠가 신학교 동기들이 한 가정의 식사 초대를 받아 모였습니다. 보통은 목회하는 친구가 식사 기도를 하는데, 그날 따라 갑자기 "신학교 선생인 네가 한번 해라"고 하기에 저는 "음식으로 공궤하는 손길을 배나 갚아주시옵소서"라고 나름대로 세게(?) 축복 기도를 했습니다. 그런데 기도가 끝나자 목회하는 친구들이 놀리기 시작했습니다.

"야, 김 목사. 축복 기도를 하려면 세게 해야지. 배가 뭐냐? 시시하게 두 배 가지고 되느냐."
"그럼, 어떻게 해야 하는데?"
"만 배나 갚아주시고, 라고 해야지. 그러니까 너는 목회를 못 하고 신학교에서 선생을 하는 거야."

모였던 모든 동기는 함께 웃었습니다. 하지만 저는 "만 배는 너무 심하다. 음식 준비에 10만 원 들었으면 20만 원만 주셔도 좋은데, 만 배라면 자그마치 10억인데 그건 너무 심한 것 아니냐"라는 생각을 버리지 못했습니다.

그렇다면 예수께서는 몇 배나 갚아주시겠다고 하셨을까요? 베드로가 "보소서 우리가 모든 것을 버리고(아피에미) 주를 따랐나이다"(막 10:28)라고 하자 주님께서도 아피에미 동사를 사용하여 버린 것의 '백 배'나 받을 것이라고 약속하셨습니다(막 10:30). 친구들은 만 배, 저는 두 배라고 했지만, 주님은 중간을 택하시고 '백 배'의 보상을 약속하셨습니다.

그런데 예수를 따라 모든 것을 버리고 무리를 떠난 제자들은 백 배의 보상은커녕 갈릴리 바다에서 광풍을 만나 거의 죽을 뻔합니다. 이것은 우리도 마찬가지 아닙니까? 예수를 제대로 믿으려고 애쓰면 쓸수록 풍파가 더욱 거세지는 것을 자주 경험합니다. 이때 우리는 이런 질문을 던지지 않을 수 없습니다.

첫째, 우리 인생에서 풍랑은 피할 수 있는 것일까요? 피할 수 없는 것일까요?

둘째, 인생에서 풍랑을 피할 수 없다면 어떻게 해야 하나요? 원래 인생이란 '고해'니까 으레 그러려니 생각하고 빨리 지나가길 바라야 하나요? 아니면 풍랑 속에서 적극 뭔가를 하고 배우려고 해야 하나요?

셋째, 예수께서 바람과 파도를 "꾸짖으셨다"라고 했는데, 이것은 바람과 파도가 뭔가 잘못했다는 뜻 아닙니까? 그렇다면 바람과 파도는 무슨 잘못을 저질렀길래 예수께서 꾸짖으셨을까요?

풍랑 이는 바다를 헤쳐가야 하는 그리스도인

첫째, 인생에서 풍랑은 피할 수 있는가, 없는가를 알려면 우선은 지리학적으로 '호수'에 불과한 곳을 마가가 굳이 '바다'로 부른 이유가 무엇인지부터 살펴보아야 합니다(눅 8:22, 23, 33).*

집채만 한 파도가 몰아닥치며 쉴새 없이 풍랑이 이는 바다를 보면 어떤 생각이 들까요? 누구도 통제할 수 없는 죽음의 위험과 혼돈을 느끼지 않겠습니까? 따라서 구약에서 바다는 하나님의 백성을 위협하는 악의 세력과 혼돈을 가리키는 상징으로 쓰입니다.

> 이에 홍해를 꾸짖으시니(에테티마오) 곧 마르니 그들을 인도하여 바다 건너가기를 마치 광야를 지나감같게 하사(시 106:9).

여기서 "홍해를 꾸짖었다"는 표현이 나옵니다. 홍해가 그저 물리적인 물이라면 무엇을 잘못했겠습니까? 하지만 성경에서 홍해는 이스라엘의 구원을 방해하는 '악한 세력, 혼돈의 힘'을 가리키기에 홍해를 꾸짖었다고 표현했습니다. 예수께서도 동일하게 바람을 꾸짖으셨습니다.

> 예수께서 깨어 바람을 꾸짖으시며(에테티마오) 바다더러 이르시되 잠잠하라 고요하라(피모) 하시니 바람이 그치고 아주 잔잔하여 지더라(막 4:39).

---

* "긴네렛 바다"(민 34:11, 수 12:3; 13:27)라는 표현에서 갈릴리 바다라는 표현이 나온 것으로 보인다.

1부. 말 못 할 인생의 짐을 내려놓다

그런데 더 흥미로운 사실은 '꾸짖다'(에테티마오)는 동사나 '고요하라'(피모오)는 명령은 예수께서 더러운 귀신을 쫓아낼 때도 사용하셨다는 것입니다.

> 예수께서 꾸짖어(에테티마오) 이르시되 잠잠하고(피모오) 그 사람에게서 나오라 하시니 더러운 귀신이 그 사람에게 경련을 일으키고 큰 소리를 지르며 나오는지라(막 1:25~26).

예수께서 귀신을 꾸짖고 쫓아내실 때 사용한 표현으로 바다를 꾸짖고 잠잠하게 하셨다는 것은 바다를 악의 세력과 귀신의 힘을 가리키는 상징으로 보신 것 아닐까요?

이것은 바다를 건넌 뒤에 벌어지는 이야기를 보면 더 자세히 알 수 있습니다. 마가복음 5장을 보면 예수께서는 바다를 건넌 후에 귀신들린 사람을 만납니다. 그는 쇠사슬로 묶어도 끊어버릴 정도로 광포하였기에 동네에 살 수 없었고, 끝내는 무덤 사이에 거할 수밖에 없는 사람이었습니다. 그런데 예수께서 "더러운 귀신아 그 사람에게서 나오라" 하시자, 더러운 귀신들이 나와서 돼지에게로 들어갔고 2천 마리나 되는 떼가 '바다'를 향하여 비탈로 내리달아 바다에서 몰사했습니다(막 5:8, 12). 귀신들이 들어간 돼지들이 왜 하필 바다로 뛰어들었을까요? 성난 바다는 마치 귀신들린 사람처럼 거칠고 광포하며 아무도 제어할 수 없기에 성경에서는 바다를 악과 귀신의 세력을 가리키는 상징으로 보기 때문입니다.

우리는 여기서 무엇을 깨닫습니까? 제자들이 예수님을 모시고 가는 항해 길은 절대로 순풍에 돛단 배로 유유자적하며 갈 수 없다는 것입니다. 예수께서는 귀신을 쫓아내고 하나님 나라를 전파하기 위해 바다 건너편으로 가자고 하셨기에 악한 마귀의 세력인 바다는 배를 가만히 놔두지 않습니다.

이것은 우리도 마찬가지입니다. 예수를 모시고 항해하는 길은 사탄이 우는 사자처럼 삼킬 자를 찾는 흉흉한 바다를 건너는 일과 같습니다. 귀신들린 자와 악한 자들이 발광하듯 날뛰는 미친 바다를 뚫고 나아가는 길입니다. 이런 흉흉한 바다를 건너면서 하나님 나라를 전파하고 귀신들린 악의 세력을 쫓아내야 합니다. 주님을 배에 모시고 하나님 나라를 전파하며 사람 낚는 어부가 되는 길을 가다 보면 풍랑이 일 수밖에 없습니다.

인생에서 피할 수 없는 풍랑을 만났을 때 우리는 어떻게 해야 합니까? 제자들의 모습에서 그 답을 찾을 수 있습니다.

죽음 앞에 나타나는 인간 본성

어느 정도 배가 나아갔는지 모르지만, 갈릴리 바다에 폭풍이 불기 시작했고 제자들이 탄 배는 심각한 위기에 빠집니다.

큰 광풍이 일어나며 물결이 배에 부딪쳐 들어와 배에 가득하게 되었더라(막 4:37).

예수님이 탄 배는 기껏해야 길이 8.2미터, 폭 2.3미터, 높이 1.2미터 크기로 불과 15명 정도가 탈 수 있는 배입니다. 이렇게 작은 배가 파도와 풍랑에 얼마나 위태로울지는 깊이 생각하지 않아도 쉽게 알 수 있습니다. 물결이 배에 "부딪히다"는 동사는 과거 미완료 시제인데 지속과 반복을 가리킵니다. 거대한 물이 한 번 배 안으로 들어오고 끝난 것이 아니라, 계속해서 조금씩 물결이 배에 부딪히면서 물이 들어왔고 결국은 배에 물이 가득해진 것입니다.

그렇다면 제자들은 오랜 시간에 걸쳐서 폭풍과 사투를 벌였을 것이 분명합니다. 당시 갈릴리 지역의 배에는 노잡이 4명에 한 명의 키잡이가 있어서 선원은 보통 5명이었다고 합니다. 그러나 예수님의 제자 중 어부 출신이 7명이었기에(요 21:2~3) 처음에는 자신들의 힘으로 얼마든지 폭풍을 뚫고 나갈 수 있다고 생각했을 것입니다.

거대한 광풍 앞에서 마침내 배에 물이 가득해져서야 제자들은 비로소 예수님을 찾았습니다. 그런데 그 위기의 상황에서 예수님은 무엇을 하고 계셨습니까? "예수께서는 고물에서 베개를 베고 주무시더니"(막 4:38).

풍랑이 일고, 파도가 부딪히고, 폭풍이 불고, 제자들이 아우

성치는 아수라장에서도 예수님은 곤히 주무셨습니다. 제자들은 죽을 위험 속에서도 평화롭게 주무시는 주님을 이해할 수 없었습니다. 이에 예수님을 깨우기 시작합니다. "선생님이여 우리가 죽게 된 것을 돌보지 아니하시나이까?"

여러분은 인생길에 불어닥치는 풍랑과 파도 앞에서 어떤 반응을 보이고 있습니까? 열심히 파도를 헤치고 나아가려고 노를 젓고 있습니까? 아니면 모든 것을 포기하고 주저앉아 있습니까? 아니면 예수를 깨우며 살려달라고 부르짖고 있습니까?

제자들의 반응을 더 극적으로 느끼려면 렘브란트가 1633년에 그린 유명한 그림을 살펴볼 필요가 있습니다. 뱃머리가 45도 들린 채 흰 파도에 휘둘리고 있는 배의 모습은 금방이라도 침몰할 것 같은 위기 상황임을 보여줍니다. 흥미로운 것은 예수님을 제외하고 배에 탄 사람이 13명이라는 점입니다. 제자가 12명인데, 그렇다면 한 사람은 누구일까요? 그렇습니다. 렘브란트 자신입니다. 렘브란트가 자신을 그림 안에 넣은 것은 우리 모습도 그 안에서 찾을 수 있다는 의미입니다. 우리는 그림 속 열두 제자 중 어떤 모습과 가장 유사합니까?

왼쪽의 다섯 명은 자신이 할 일에 최선을 다하는 사람입니다. 특별히 맨 위 뱃머리가 가장 위험한 곳인데 거기서 한 제자가 사투를 벌이고 있고, 나머지 넷은 돛대를 잡고 배의 중심을 잡아보려고 애쓰고 있습니다. 두 명은 예수님을 깨우며 질책하는 것처럼 보입니다. 한 사람은 아예 체념한 채 등을 돌리고 혼자 앉아 있습니다. 한 사람은 두려운 눈으로 예수님이 아닌 다른 곳을 바라보고 있습니다. 한 사람은 배 밖으로 머리를 숙이고 있는데 토하고 있습니다. 더 이상 통제할 수 없는 배에서 노를 잡고 있으면서 예수님 바로 뒤에 앉아 있는 제자는 과연 무슨 생각을 하는 중일까요?

무릎 꿇고 기도하는 사람은 한 사람뿐입니다. 렘브란트는 이 사람의 머리 위에만 후광을 그려 넣었는데, 오직 한 사람만 기도하며 예수를 신뢰하는 모습을 보여주었다고 해석했습니다.

렘브란트를 연구하는 학자들은 줄을 잡고 서서 관객의 시선 쪽을 바라보는 얼굴이 렘브란트의 자화상과 유사하다고 말합니다. 렘브란트가 이 그림 안에 자신을 그려 넣은 이유가 무엇일까요? 자세히 보면 모자가 바람에 날아갈까 봐 한 손으로는 모자를 잡고 다른 한 손으로 줄을 잡고 서 있습니다. 목숨이 경각에 달렸는데 모자 따위를 걱정하면서, 안전을 보장할 수 없는 배의 줄을 잡고 있는 어리석은 모습으로 자신을 묘사했습니다.

주님이 함께 탄 배는
어떤 풍랑도 전복시킬 수 없다

풍랑을 만나 거의 죽게 된 상황에 처했다면 나는 어떤 반응을 보였을까요? 가장 위험한 곳에서 폭풍과 사투를 벌이고 있습니까?

아예 체념한 채 등을 돌리고 혼자 앉아 있습니까? 두려운 눈으로 예수님이 아닌 다른 곳을 바라보고 있습니까? 인생에 멀미가 나 토하고 있습니까? 더 이상 통제할 수 없는 인생 배의 노를 잡고 아무 생각 없이 그냥 예수님 뒤에 체념한 듯 앉아 있는 상태입니까? 아니면 목숨이 경각에 달렸는데 기껏해야 모자가 날아갈까 봐 걱정하면서, 안전을 보장할 수 없는 배의 줄을 잡고 엉뚱한 곳을 쳐다보고 있습니까?

우리는 제자들이 예수님을 깨우며 부르짖은 사실에 주목해야 합니다. 제자들이 예수를 깨우며 부르짖은 이유가 무엇입니까?

죽을지도 모른다는 두려움 속에서 제자들은 그래도 주님을 의지한 것입니다. 물론 제자들이 고물에서 주무시는 그리스도의 평화스러운 모습에서 어떤 희망이나 확신을 얻지 못한 일은 잘한 것이 아닙니다. 그러나 만일 우리도 이런 상황이라면 같은 반응을 보이지 않을까요? 죽을 지경이 되었는데도 베개를 베고 태평하게 주무시는 주님의 모습을 보고 기가 막힌다고 생각하지 않을까요?

고물은 무엇을 하는 곳입니까? 고물은 배의 뒤쪽 끝, 즉 선미인데 선장이 배를 조종하거나 선원들을 지휘하는 일종의 지휘소라고 할 수 있습니다. 배의 고물은 보통 그물을 보관할 만큼 충분한 공간이 있고, 비와 바람을 피할 수 있는 가장 편안하고 안락한 장소로 선원들이 휴식처로 사용하는 곳이었습니다.

그렇다면 예수님은 배를 탈 때 베개까지 준비하신 것입니까?

아닙니다. 지중해의 모든 배에는 항해의 안전과 균형을 위해 모래주머니 두 개를 배 안에 두었습니다. 하나는 50~60킬로그램이고 다른 하나는 약 25킬로그램 정도인데, 보통 작은 것은 선원들이 고물에서 휴식을 취할 때 베개로 사용했습니다. 제자들은 자신이 죽을 지경이 되었는데도, 지휘 본부에서 태평스럽게 베개까지 베고 주무시는 주님을 보고 기가 막힌다고 생각했던 것 같습니다. 그래서 이런 말을 내뱉습니다.

> 선생님이여 우리가 죽게 된 것을 돌보지 아니하시나이까?(막 4:38)

이 제자들의 불평은 오늘날 우리의 불평과도 같습니다. 우리를 삼켜버릴 것 같은 폭풍이 입을 벌리고 우리에게 달려오는데 왜 주님은 잠잠하시는 것입니까? 주님을 따르기로 했으면 그럴듯한 보상은 못 해줘도 인생의 풍파로 기진해 있을 때 최소한 우리를 돌보신다는 사인을 주셔야 하는 것 아닙니까? 왜 주님은 거의 죽을 지경이 되었는데도 이리도 무관심하십니까? 시편을 보면 "이스라엘을 지키시는 이는 졸지도 아니하시고 주무시지도 아니하시리로다"(121:4)라고 했는데 도대체 예수님은 왜 주무시는 것입니까? 과연 주님은 환난 중에 있는 우리를 돌보시는 분입니까?

우리는 제자들이 주님을 향해 부르짖었다는 사실을 놓쳐서는 안 됩니다. 제자들이 울부짖으며 깨우는 소리에 잠을 깨신 예수님이 바람을 꾸짖으시며 바다에게 잠잠하라고 명하시자, 그 사납던 폭풍은 가라앉고 바다는 아주 잔잔해졌습니다. 주님은 깨우며 울부짖던 제자들을 바라보시고 말씀하십니다.

> 어찌하여 이렇게 무서워하느냐 너희가 어찌 믿음이 없느냐(막 4:40).

폭풍과 파도가 잔잔해지는 것을 보고, 예수님의 책망을 들은 제자들은 더 큰 놀라움과 두려움에 사로잡힙니다.

> 그들이 심히 두려워하여 서로 말하되 그가 누구이기에 바람과 바다도 순종하는가 하였더라(막 4:41).

도대체 바람과 바다조차도 순종하는 이 분은 누구인가? 예수의 제자들은 배에 함께 타신 분이 누구인지 비로소 깨닫습니다. 주님이 타고 가시는 배는 그 어떤 풍랑도 전복시킬 수 없다는 사실을 깊이 알게 됩니다. 주님을 모시고 가는 길에 악의 세력과 사탄이 온갖 풍파를 일으켜도 주님이 타신 배를 뒤집어놓을 능력이 없다는 사실을 깨달은 것입니다.

주님을 모시고 가는 우리의 인생 배가 풍랑을 만나는 이유가 바로 여기에 있습니다. 주님은 환난과 죽음 가운데서도 우리를 돌보신다는 확신이 없으면 결코 진정한 주님의 제자가 될 수 없습니다. 모진 풍랑 속에서도 죽음을 두려워하지 말아야 비로소 인생의 풍파에서 두려움을 안고 살아가는 사람들을 낚는 진정한 어부가 될 수 있기 때문에 주님께서는 풍랑으로 제자들을 훈련하신 것입니다.

죽음이 두렵지 않은 사람들

이것은 예수님의 제자들뿐 아니라 기독교 역사에서도 자주 만나는 하나님의 훈련 방법입니다. 감리교 창시자인 존 웨슬리는 신대륙의 조지아주에서 인디언을 대상으로 선교 사역을 하기 위해, 1735년 10월에 런던을 떠났습니다. 선교사로 대서양을 횡단하던 웨슬리는 미국에 도착하기 약 10일 전인, 1736년 1월 말에 며칠간 심한 폭풍우를 만납니다. 이 당시의 웨슬리의 일기를 직접 봅시다.

1736년 1월 23일 금

저녁에 또다시 폭풍이 시작되었다. 아침에는 더욱 심해져 배가 곤두박질쳤다. "나는 어찌하여 그렇게도 믿음이 없는가?"라는 말밖에 할 수가 없었다. 아직도 죽지 않으려고 안달을 했기 때문이다.

1월 25일 주일

예배가 시작되고 시편이 한참 낭송되는데 큰 파도가 덮치자 큰 돛대가 산산조각이 났고 물이 갑판 사이로 쏟아져 내렸다. 큰 물결이 우리를 다 삼켜 버릴 것 같았다. 영국인들은 비명을 질렀는데, 독일 사람인 모라비안 교도들은 계속 시편을 낭송하기만 했다. 나는 후에 그들 중 한 사람에게 물었다. "당신은 두렵지 않습니까?" 그러자 그는 "아니오, 하나님께 감사할 따름입니다" 하고 대답하는 것이었다. 나는 다시 물었다. "그렇지만 당신네 부인과 어린이들은 두려워하지 않았습니까?" 그는 부드럽게 대답했다. "아니오, 우리네 부인과 어린이들은 죽음을 두려워하지 않습니다."

인디언에게 복음을 전하러 간다는 자신은 죽음을 두려워하는데 무서운 폭풍 한복판에서도 태연하기 그지없는 평신도 모라비안 교도의 모습 속에서 웨슬리가 깨달은 것이 있었습니다. 그것은 '진정한 그리스도인이라면 죽음을 두려워하지 않는다'라는 진리였습니다. 웨슬리가 죽음을 두려워하지 않는 용사로 거듭나게 된 것은 그들 덕분이었습니다.

현대에도 죽음을 두려워하지 않는 그리스도인들이 있어 세상에 큰 감동과 충격을 주었습니다. 2006년 10월 2일, 미국 펜실베이니아주의 소도시 니켈 마인스에서 끔찍한 일이 일어났습니다. 세탁기를 사용하지 않고 아직도 마차를 타고 다니며 살아가는 아미쉬 공동체의 초등학교에 찰스 로버츠가 총을 들고 난입하여 여자 어린이 5명을 죽인 사건이 일어납니다. 9년 전에 세상에 태어났다가 20분 만에 죽은 딸 때문에 신에 대한 분노로 가득 차 있던 한 사람이 벌인 끔찍한 일이었습니다.

그런데 하루도 지나지 않아 자살한 살인범과 그 가족을 아미쉬 공동체가 용서하면서 미국 전역에 더 큰 충격과 감동을 주었습니다. 총기 사건이 일어난 지 몇 시간이 지나지 않아 아미쉬 사람들은 살인범 가족과 접촉하면서 "그들을 미워하지 않는다"고 했고 딸을 잃은 부모는 딸의 장례식에 살인범의 가족을 초청하였을 뿐 아니라, 범인의 장례식에 참석한 75명 가운데 절반이 아미쉬 사람이었습니다.

사건을 더 자세히 알아보니 더 놀라운 일이 있었습니다. 살해당한 5명 중에 교실에서 가장 먼저 총에 죽은 두 아이는 인질로 잡힌 여학생 중에 제일 나이가 많은 소녀들이었습니다. 살인범 로버츠는 10시 55분 911에 전화를 걸어 여자아이 열 명을 인질로 잡고 있는데 경찰이 건물에서 나가지 않으면 아이들을 죽이겠다고 협박합니다. 그러고는 여자아이들에게 돌아서서 "너희는 우리 딸을 대신해서 대가를 치러야 한다"라고 소리쳤습니다.

그때 그 방에서 제일 나이가 많았던 메리언은 범인이 진짜 아이들을 죽이려고 한다는 사실을 알자 "나를 먼저 쏘세요"라고 했습니다. 그때 메리언의 나이는 불과 열세 살이었습니다. 어떻게 열세 살 먹은 소녀가 두려움 속에서도 이런 용기 있는 모습을 보일 수 있었을까요? 아미쉬 사람들은 신앙을 지키다 순교한 사람들 이야기가 용기를 주었을 것이라고 말합니다.

다섯 소녀는 아미쉬 신앙을 지킨 16세기 순교자의 반열에 참여했다. 옛 순교자들 이야기는 1,000쪽에 달하는 …《순교자 거울》이라는 책에 기록되어 있다. 아미쉬 목회자들은 설교할 때 이 묵직한 책을 가끔 인용한다. 믿음을 지키기 위해 순교자들은 참수를 당하고, 나무 말뚝에 묶여 화형을 당하고, 고문을 당했다. 그들은 종교개혁 시대에 이단으로 몰려 죽어갔다. 거의 500년 뒤에 비록 직접적으로 믿음 때문은 아니지만, 니켈 마인스에서 어린 소녀 다섯 명이 앳된 나이에 죽어야 했다. 당연히 아미쉬 사람들 마음에 그 아이들은 순교자였다. 한 아미쉬 여성은 이렇게 말했다. "그들은 기꺼이 죽음을 받아들였어요. 그렇기 때문에 그 아이들은 순교자입니다. 나이가 가장 많은 아이가 나를 먼저 쏘세요, 라고 말했다잖아요."

(도널드 그레이빌 외, 《아미시 그레이스》, 54쪽, 뉴스앤조이, 2009년)

풍랑 없는 인생 대신
약속된 것

우리가 풍랑과 인생의 비극을 만났을 때 두려워만 한다면 교회

밖의 사람들에게 어떻게 신선한 충격과 도전을 줄 수 있겠습니까? 신을 부정하는 무신론자들조차 풍파 없는 인생을 단조로운 삶으로 생각하면서 풍랑을 의연하게 이겨내려고 하기 때문입니다. 니체는 이렇게 말했습니다.

> 인생의 목적은 끊임없는 전진이다. 앞에는 언덕이 있고, 냇물이 있고, 진흙 구덩이가 있다. 평탄한 길만 있는 것은 아니다. 먼 곳을 향해 가는 배가 풍파를 만나지 않고 고요하게만 갈 순 없다. 풍파는 언제나 전진하는 자의 벗이다. 차라리 고난 속에 인생의 기쁨이 있다. 풍파 없는 항해는 얼마나 단조로운가. 고난이 많을수록 내 가슴은 뛴다.

"고난이 많을수록 내 가슴은 뛴다"는 말을 그리스도인의 입이 아니라 대표적인 무신론자 니체의 입에서 듣는다는 것은 참으로 역설이 아닐 수 없습니다.

이와는 달리 종종 그리스도인은 "우리 인생 배에 예수를 모시기만 하면 모진 풍랑을 겪지 않고 순풍에 돛 단 듯이 인생 항해를 할 수 있을 것"이라고 은연중 생각합니다. 따라서 조금이라도 인생에 폭풍이 불고 풍랑이 일면 어쩔 줄 몰라 합니다. "고난 속에 기쁨이 있다. 고난이 많을수록 내 가슴은 뛴다"라고 이야기하는 무신론자보다 더 불안해하고 두려워합니다. 인생의 풍랑 앞에서 이렇게 불안해하고 두려워해서는 사람 낚는 어부는커녕,

자기가 먹고살 고기조차 잡지 못하는 어설픈 인간이 됩니다.

초대교회의 지도자로 로마 제국의 심한 박해를 견뎌내고 초대교회를 굳건히 세우려면 그리스도가 누구인가에 관해 분명하고 확실한 믿음이 있어야 했습니다. 따라서 예수님은 제자들을 이 같은 풍랑의 시험으로 단련하신 것입니다. 베드로는 비록 첫 시험에서 떨어졌으나, 여기서 큰 교훈을 얻었습니다. 베드로전서 5장에서 그는 이렇게 권면합니다.

> 너희 염려를 다 주께 맡기라. 이는 그가 너희를 돌보심이라. 근신하라. 깨어라. 너희 대적 마귀가 우는 사자 같이 두루 다니며 삼킬 자를 찾나니 너희는 믿음을 굳건하게 하여 그를 대적하라. 이는 세상에 있는 너희 형제들도 동일한 고난을 당하는 줄을 앎이라(벧전 5:7~9).

여기서 '돌보신다'는 말은, 마가복음 4장 38절에 "돌아보지 아니하시나이까"에서 사용한 단어와 같습니다. 베드로는 풍랑의 시험 앞에서 예수님께 "선생님이여 우리가 죽게 된 것을 돌보지 아니하시나이까?"라고 탄식하며 기도했습니다. 그러나 그리스도께서 바람과 파도를 잠잠하게 하실 뿐 아니라 실제로 십자가로 죽음 자체를 이기시고 부활하신 후에 베드로는 "너희 염려를 다 주께 맡기라"고 권면할 수 있었습니다.

로마 황제 율리우스 시저가 폼페이 장군과 로마의 권력을 놓고 전쟁할 때 유명한 일화가 있습니다. 시저는 오직 3개의 군단만 이끌고 모든 휘하 부대를 거느리고 있던 폼페이 장군 진영으로 들어갔습니다. 하지만 상황이 여의치 않아 파선의 위기를 겨우 넘기고 적진 가까운 곳에 간신히 피신했습니다.

반면 부하인 안토니 장군은 폼페이의 해군이 무서워 시저가 있는 곳으로 배를 끌고 오지 못했습니다. 몇 달 동안 기다리다 지친 시저는 자신이 직접 가서 해군을 데려오기로 결심합니다. 작은 고깃배를 빌려 타고 변장한 후 병사들에게 폼페이의 부하들이 감시하는 해안선을 뚫고 나아가도록 요구했습니다. 그런데 불행하게도 바람이 거세게 불고 파도가 치면서 배는 앞으로 나아갈 수 없었습니다.

그때 시저는 병사들에게 용기를 북돋기 위해 이렇게 외칩니다. "여기 시저와 그의 행운이 타고 있다"(You carry Caesar and Caesar's fortune). 한 인간이 거대한 자연의 힘 앞에서 이런 말을 할 수 있다니 얼마나 오만합니까? 실제로 시저의 소원과는 달리 바람은 잔잔해지지 않았고, 끝내 폭풍을 뚫지 못했습니다. 그러나 시저의 병사들은 거대한 폭풍과 풍랑 앞에서 시저의 말을 듣고 용기를 얻었습니다.

우리는 어떻습니까? 험난한 파도와 폭풍이 불어 닥치는 이 바다를 항해하는 당신의 인생 배에 누가 타고 있습니까? 귀신을 쫓아내고 바람을 꾸짖으시며 악의 세력을 잠잠하게 하시는 만왕의 왕이 타고 있지 않습니까? 그런데 우리도 두려워하고 있지 않습니까? 예수님을 모신 배에 왜 풍랑이 치냐고 불평하는 것은 아닙니까? 그렇다면 과연 나는 그리스도를 어떤 분으로 생각하고 있는지를 자문해야 합니다.

인생의 풍파로 기진해 거의 죽게 되었을 때 그냥 절망만 하고 있으면 안 됩니다. 우리도 제자들처럼 주님을 깨우며 부르짖어야 합니다.

선생님이여 우리가 죽게 된 것을 돌보지 아니하시나이까?(막 4:38)

두렵기도 하고 화도 나지만 그래도 예수님을 깨우며 부르짖어야 합니다. 예수님께서 우리를 보면서 왜 이렇게 무서워하느냐, 너희가 어찌 믿음이 없느냐 하시며 야단을 치실지도 모릅니다. 도대체 언제쯤 제대로 믿을 것이냐고 말씀하시더라도 당황할 필요가 없습니다. 우리는 원래 이렇게 연약한 존재이기 때문입니다. 우리는 풍랑을 만날 때 부르짖어야 합니다. 존 트랩은 이렇게 말했습니다. "기도하지 않는 사람이 있는가? 그렇다면 바다로 가라. 기도를 배우게 될 것이다."

그렇습니다. 우리 인생길에 불어닥치는 풍랑은 우리에게 기도를 배우게 합니다. 풍랑은 주님이 누구이신지를 분명히 알게 해주는 기회입니다. 주님은 사악한 마귀의 입을 막으시고 잠잠케 하시는 분입니다. 풍랑은 주님이 어떤 분이신지를 세상에 알려 사람을 낚을 수 있는 절호의 기회입니다. "사납게 뛰노는 파도나 저 흉악한 마귀나 아무것도 주 편안히 잠들어 누신 배 뒤엎어놓을 능력이 없음"을 모두가 알게 하는 기회입니다. 또한 풍랑은 우리가 얼마나 믿음이 약한 존재인지, 얼마나 두려워하는 자들인지 깨닫게 하는 기회입니다.

주님은 우리에게 풍랑 없는 인생을 약속하지 않으셨습니다. "세상에서는 너희가 환난을 당하나 담대하라. 내가 세상을 이기었노라"(요 16:33). 주님은 우리가 환난을 당할 때 어떤 풍파 속에서도 함께하시겠다는 것을 약속하셨습니다. 우리에게 사람 낚는 어부의 소명이 남아 있는 한 그 어떤 광풍이나 파도도 우리를 해할 수 없습니다. 주님은 악한 세력과 사탄을 잠잠케 하시는 분이시기 때문입니다.

우리 배에 주님이 계시는 한, 심지어 주님이 편안히 누워 잠들어 우리가 죽게 된 것을 돌아보지 않는 것처럼 보이더라도 두려워할 필요가 없습니다. 아무것도 주님이 편안히 계신 배를 뒤엎을 능력이 없기 때문입니다. 주님은 우리를 공격하는 악한 세력과 사탄을 이기셨을 뿐만 아니라, 끝내는 죽음까지 정복하신 부활의 하나님이십니다. 따라서 주님을 우리 배에 모신 이상, 모진 풍랑에도 우리의 인생 배는 결국 고요한 하늘 항구에 도착하게 될 것이며 우리는 영생을 얻게 될 것입니다.

2부 — 인생이 묻다, 믿음이 답하다

04
—
하루 치 믿음만
있어도 괜찮다

❀

24 한 사람이 두 주인을 섬기지 못할 것이니 혹 이를 미워하고 저를 사랑하거나 혹 이를 중히 여기고 저를 경히 여김이라 너희가 하나님과 재물을 겸하여 섬기지 못하느니라 25 그러므로 내가 너희에게 이르노니 목숨을 위하여 무엇을 먹을까 무엇을 마실까 몸을 위하여 무엇을 입을까 염려하지 말라 목숨이 음식보다 중하지 아니하며 몸이 의복보다 중하지 아니하냐 26 공중의 새를 보라 심지도 않고 거두지도 않고 창고에 모아들이지도 아니하되 너희 하늘 아버지께서 기르시나니 너희는 이것들보다 귀하지 아니하냐 27 너희 중에 누가 염려함으로 그 키를 한 자라도 더할 수 있겠느냐 28 또 너희가 어찌 의복을 위하여 염려하느냐 들의 백합화가 어떻게 자라는가 생각하여 보라 수고도 아니하고 길쌈도 아니하느니라 29 그러나 내가 너희에게 말하노니 솔로몬의 모든 영광으로도 입은 것이 이 꽃 하나만 같지 못하였느니라 30 오늘 있다가 내일 아궁이에 던져지는 들풀도 하나님이 이렇게 입히시거든 하물며 너희일까보냐 믿음이 작은 자들아 31 그러므로 염려하여 이르기를 무엇을 먹을까 무엇을 마실까 무엇을 입을까 하지 말라 32 이는 다 이방인들이 구하는 것이라 너희 하늘 아버지께서 이 모든 것이 너희에게 있어야 할 줄을 아시느니라 33 그런즉 너희는 먼저 그의 나라와 그의 의를 구하라 그리하면 이 모든 것을 너희에게 더하시리라 34 그러므로 내일 일을 위하여 염려하지 말라 내일 일은 내일이 염려할 것이요 한 날의 괴로움은 그 날로 족하니라

마태복음 6:24~34

예수께서는 제자들에게 "목숨을 위하여 무엇을 먹을까 무엇을 마실까 몸을 위하여 무엇을 입을까 염려하지 말라"고 하셨습니다. 이 말씀은 사실 받아들이기 어려울 뿐 아니라, 좌절감까지 느끼게 합니다. 그래도 예수님이 하신 다른 말씀은 훨씬 낫습니다. 예를 들어 "오른편 뺨을 치거든 왼편도 돌려대라"(마 5:39)는 말씀은 따르기 쉽지 않지만, 어느 정도 가능한 일입니다. 그리스도인이 아니더라도 오른편 뺨을 맞았을 때 왼뺨을 내미는 사람을 종종 봅니다. 길거리에서 시비가 붙어 손찌검이 오고 가면, "너 돈 자랑하는 거냐? 그래, 어디 한번 더 때려봐" 그러면서 다시 얼굴을 들이미는 사람도 있습니다.

그러나 목숨을 위해 무엇을 먹을까 염려하지 말라니, 도대체 이것이 가능하기나 한 이야기입니까? 부모인 우리가 먹을 것을 염려하지 않는다면 누가 우리 아이들의 음식을 책임져 준단 말입니까? 어디 그뿐입니까? 예수께서는 백합꽃을 보고 무엇을 입을까 걱정하지 말라고 하셨지만, 이것이 과연 가능한 일입니까?

물론 백합꽃은 수고하고 길쌈하지 않아도 충분히 예쁩니다. 그러나 백합꽃은 취업 면접에서 잘 보여야 할 필요도 없고, 친구들과 만날 때에 유행에 민감해할 필요도 전혀 없습니다. 하지만 오늘날 우리가 무엇을 입느냐는 것은 그렇게 단순하지 않습니다. '옷 입는 스타일'은 내가 누구인지 남에게 알리는 중요한 신호이기 때문입니다.

이 말씀은 우리에게 실현 불가능한 요구로 들리기도 하고, 너무 익숙한 나머지 그저 가벼운 위로나 덕담 정도로 받아들이는 경향이 있습니다. 실제로 교인들은 "염려하지 말고 모든 것을 하나님께 맡기라"는 권면을 쉽게 합니다. 물론 힘들어하는 사람을 위로하려는 뜻임을 알기에 고맙기는 하지만, 이런 가벼운 위로로는 문제를 해결할 수가 없습니다.

저희 집에서도 비슷한 일이 일어납니다. 설교 준비를 할 때마다 끙끙 앓으면서 토요일 저녁 늦게까지, 어떤 때는 주일 새벽까지 고민하는 모습을 보며 아내는 그런 제가 안쓰러웠던 것 같습니다. 그러던 어느 토요일 저녁, 심지어 설교의 큰 틀조차 잡히지 않아 안간힘을 쓰고 있는데, 아내가 2층 서재에 나타나더니 불쑥 이렇게 말했습니다. "여보, 그렇게 염려하지 마. 인간적으로 너무 잘하려고 하지 말고. 하나님만 의지해. 하나님께 다 맡겨." 그 말에 저는 약간 화가 났습니다. "물론 염려하지 말고 하나님만 의지하라는 말은 다 맞는 말이지. 하지만 설교는 내가 준비해야 하는 거야."

저는 아내가 설교자의 고통을 몰라주는 것이 속상했고, 어떻게 해야 이 고통을 이해시킬 수 있을까 고민했습니다. 그러던 어느 날 아내가 저녁 무렵이 되었는데, 서재에 올라오더니 잔뜩 근심 어린 표정으로 이렇게 말했습니다. "여보, 오늘 저녁에 또 뭘 먹지? 맨날 반찬도 똑같고, 무얼 먹을까?" 저는 이 이야기를 듣는 순간 좋은 기회가 왔다는 생각이 들었습니다. "여보, 그렇게 염려하지 말아. 인간적으로 너무 잘하려고 하지 말고, 하나님만 의지해. 하나님께 다 맡겨." 저는 아내가 한 말을 그대로 써먹었습니다.

염려는 인간의 본질인가?

제 이야기는 그저 가벼운 에피소드 정도에 그치지만, 실제 삶의 현장에서 "무엇을 먹을까 무엇을 입을까 염려하지 말라"는 말씀은 문자적으로 순종하기가 너무 어려운 것이 사실입니다. 따라서 예수님의 말씀은 정말 '너무하다'는 느낌을 지울 수 없습니다. 인류 역사에서 과연 염려하지 않은 인간이 한 명이라도 있을까 하는 생각이 들기 때문입니다.

실제로 실존주의 철학자 하이데거는 염려하지 않는 인간은 진정한 인간이 아니라고 지적합니다. 아니, 한 걸음 더 나아가 하이데거는 염려야말로 인간의 본질이라고까지 말합니다. 인간은 결핍되어 있기에 누군가에 의존할 수밖에 없는 존재요, 따라서 염려하지 않을 수 없다는 것입니다. 그런데 이런 염려가 미래를 향해 자신을 열고, 미래를 대비하게 만들기에 염려는 결코 부정적인 것이 아니라고 합니다.

따라서 하이데거는 인간은 근심할 수밖에 없으며, 아니 한 걸음 더 나아가 인간은 마땅히 근심해야 한다고 주장합니다. 근심을 통해 인간은 자기 삶을 책임지게 된다는 것입니다. 자기 삶을 책임지려는 인간은 근심할 수밖에 없다고 합니다. 근심이 없어 보이는 사람은 대부분 부모나 다른 사람이 모든 것을 책임지고 해결해주기에 그렇다고 주장합니다.

하이데거의 말은 인간 실존의 한계를 잘 보여줍니다. 그런데 예수께서는 기초적인 의식주 문제도 쉽사리 해결하기 어려웠던 1세기 그리스도인들에게 한 걸음 더 나아가 "무엇을 먹을까, 무엇을 입을까 염려하지 말라"고 하신 것입니다. 오늘날 우리 대부분에게는 생존을 위한 의식주 대책이 그리 큰 문제가 아니지만, 1세기 그리스도인은 생존 자체가 쉽지 않았습니다. 실제로 예수님 당시 팔레스타인의 경제적 사정은 열악하기 그지없었습니다. 강우량이 적어 땅은 늘 메말랐고, 경작 면적이 부족한 데다가 로마 제국이 세금을 과도하게 매겨, 당시 유대인들은 의식주조차 해결하기 어려운 상황이었습니다.

이런 인간의 본성적인 연약함과 당시의 열악한 상황을 다 아시면서도 주님은 제자들에게 "목숨을 위하여 무엇을 먹을까 무엇을 마실까 몸을 위하여 무엇을 입을까 염려하지 말라"고 하신 것입니다.

도대체 주님이 염려하지 말라고 하신 이유는 무엇입니까? 또한 인간은 정말로 염려하지 않고 살 수 있습니까? 이런 문제를 하나씩 풀어보도록 하겠습니다.

냉엄한 현실을 인정하고 가자

우선 주님이 염려하지 말라고 하신 말씀은 그저 가벼운 위로나 덕담 정도로 주신 말씀이 아님을 주목해야 합니다. "무엇을 먹을까 무엇을 입을까 염려하는 사람"은 하나님 자녀가 아니라 이방인이라는 뜻입니다. 하나님 자녀인지, 이방인지를 구분하는 시금석이 여기에 달려 있음을 의미합니다.

우리는 이 말씀을 자주 들어 익숙하기에, 주님의 명령이 얼마나 가공할 만한 요구인지를 잘 인식하지 못합니다. 이런 주님의 요구가 얼마나 말이 안 되는 소리인지는 세상 사람이 더 분명히 인식합니다. 소설가 김훈은 《밥벌이의 지겨움》이란 책에서 이렇게 지적합니다.

> 밥에는 대책이 없다. 한두 끼를 먹어서 되는 일이 아니라, 죽는 날까지 때가 되면 반드시 먹어야 한다. 이것이 밥이다. 이것이

진저리나는 밥이라는 것이다. …

　예수님이 밥벌이에 대해서 말씀하시기를 "하늘을 나는 새를 보라. 씨 뿌리지도 않고 거두지도 않거늘 하늘에 계신 아버지께서 먹이시느니라"고 하셨다지만 나는 이 말을 믿지 못한다. 하느님이 새는 맨입에 먹여주실지 몰라도 인간을 맨입에 먹여주시지는 않는다.

　봄에, 새잎이 돋는 나무를 바라보면서 나는 늘 마음이 아팠다. 나무들은 이파리에 엽록소가 박혀 있어서 씨 뿌리지도 않고 거두지도 않으면서 햇빛과 물을 합쳐서 밥을 빚어낸다. 자신의 생명 속에서 스스로 밥을 빚어내는 나무는 얼마나 복 받은 존재인가. … 〔하지만 우리는〕 엽록소가 없기 때문에 핸드폰이 있어야 한다. …

　친구들아, 밥벌이에는 아무 대책이 없다. … 이걸 잊지 말고 또다시 핸드폰을 차고 거리로 나가서 꾸역꾸역 밥을 벌자. 무슨 도리 있겠는가. 아무 도리 없다.

(김훈, 《밥벌이의 지겨움》, 37~38쪽, 생각의나무, 2007년).

"하느님이 새는 맨입에 먹여주실지 몰라도 인간을 맨입에 먹여주시지는 않는다"는 말을 듣고 있노라면 정신이 번쩍 납니다. 오랫동안 너무나 익숙하여 별생각 없이 듣던 말씀이 충격으로 다가옵니다. 자기 백성을 염려 없이 살게 하시려면 김훈의 말대로 우리 몸 안에 엽록소라도 잔뜩 넣어 주셔야 하는 것 아닙니까?

김훈의 이야기는 쉽게 제 곁을 떠나지 않았습니다. 그의 말은 실존적 삶의 현장에서는 촌철살인의 진리라는 사실을 부인할 수 없었기 때문입니다. 우리가 살아가는 세상에서는 "하느님이 새는 맨입에 먹여주실지 몰라도 인간을 맨입에 먹여주시지는 않는" 것처럼 보일 때가 솔직히 더 많지 않습니까? "엽록소가 없기 때문에 핸드폰을 차고 밥벌이에 나설 수밖에 없는" 것이 우리의 냉엄한 현실이 아닙니까?

그러나 우리 주변에는 "하나님이 모든 것을 다 책임져 주신다"라는 어쭙잖은 믿음 하나에 매달린 채 실제로는 밥벌이를 포기하고 자기 가족 하나 책임지지 못하는 그리스도인이 적지 않습니다. 사도 바울은 이런 사람을 믿음을 배반한 자라고 부릅니다. "누구든지 자기 친족 특히 자기 가족을 돌보지 아니하면 믿음을 배반한 자요 불신자보다 더 악한 자니라"(딤전 5:8).

어디 그뿐입니까? 말로는 하나님이 다 책임지신다고 하지만, 실제로는 세상 사람과 하등 다를 바 없는 세속적인 모습으로 밥벌이를 하는 그리스도인이 적지 않기에 우리는 김훈의 말을 폄하할 수가 없습니다. 따라서 김훈이 쓴 "아들에게 보내는 편지"란 글을 읽다 보면 소름이 끼칠 정도로 오싹합니다.

> 아들아, 사내의 삶은 쉽지 않다. 돈과 밥의 두려움을 마땅히 알라. 돈과 밥 앞에서 어리광을 부리지 말고 주접을 떨지 말라. …
> 사내의 한 생애가 무엇인고 하니, 일언이폐지해서, 돈을 벌어오

는 것이다. 알겠느냐? 이 말이 너무 심하다고 생각하느냐. 그렇지 않다. …

　돈 없이도 혼자서 고상하게 잘난 척하면서 살 수 있다고 생각하지 말아라. 아마 그럴 수도 있겠지만, 그러지 말아라. 추악하고 안쓰럽고 남세스럽다.

　우리는 마땅히 돈의 소중함을 알고 돈을 사랑하고 존중해야 한다. 돈을 사랑하고 돈이 무엇인지를 아는 자들만이 마침내 삶의 아름다움을 알고 삶을 긍정할 수가 있다. … 돈이 있어야 밥을 먹을 수 있다. 우리는 구석기의 사내들처럼 자연으로부터 직접 먹거리를 포획할 수가 없다. 우리의 먹거리는 반드시 돈을 경유하게 되어 있다.

우리는 이것이 준엄한 삶의 현실이라는 점을 인정해야 합니다. 겉으로는 하나님을 믿지만 실제로는 돈의 힘을 믿고 돈이 최고라고 생각하는 이방인들이 교회 안에 늘고 있음을 솔직히 인정해야 합니다. 차라리 이런 사실을 인정한다면 위선자라는 말은 듣지 않을 텐데, 겉으로는 아닌 척하면서 속으로는 돈을 사랑하기에 그리스도인이 위선자라는 비난을 받는 것 아닙니까?

　그렇다면 우리는 어떻게 해야 합니까? 우선 우리는 김훈의 지적을 인정하고 그다음에 주님의 말씀에 귀를 기울여야 합니다. 주님께서도 '그 현실'을 인정하면서도 염려하지 말라고 요구하시는 것이기 때문입니다.

생존의 위기에서
하나님을 신뢰하다

주님은 현실감각 없이 그저 맹목적으로 하나님만 의지하라고 하시는 것이 아닙니다. "하나님이 새는 맨입에 먹여주시는지 몰라도 인간은 맨입에 먹여주지 않는다"는 김훈의 말이 백번 지당하게 들리는 삶의 한복판에서 오직 하나님 한 분만을 신뢰하라고 요구하시는 것입니다. 주님은 핸드폰 하나씩 허리에 차고 밥벌이를 하러 나가야만 하는 무한 경쟁의 한 가운데서, 하나님 나라와 그의 의를 먼저 구하라고 요구하신 것입니다.

주님은 우리와 한적하게 앉아 이론적인 토론을 하시는 것이 아닙니다. "돈 없이도 혼자서 고상하게 잘난 척하면서 살 수도 있지만, 그것이 추악하고 안쓰럽게 보일 수 있다"는 김훈의 말이 먹히는 맘몬 세상 속에서, 돈을 신뢰하기보다는 하나님만 신뢰하는 하나님의 자녀가 될 것을 요구하십니다.

주님께서는 이것이 무엇을 의미하는지를 더욱 분명하게 보여주시기 위해 공중의 새를 보라고 하십니다. "공중의 새를 보라. 심지도 않고 거두지도 않고 창고에 모아들이지도 아니하되 너희 하늘 아버지께서 기르시나니 너희는 이것들보다 귀하지 아니하냐"(마 6:26). 새들은 인간처럼 심고 거두고, 끊임없이 욕심을 부리며 창고에 쌓아놓지 않음에도 잘살고 있는데 그 이유가 무엇인지 아느냐고 질문하십니다. 그 이유가 무엇입니까? 하나님께서 직접 기르시기 때문입니다. "심고, 거두고, 창고에 모아들이지 않는" 새들도 하늘 아버지께서 친히 기르시는데, 새들보다 훨씬 귀한 당신의 자녀들을 돌보시지 않겠느냐는 것입니다.

우리는 여기서 주님의 요구가 무엇인지를 분명하게 알 수 있습니다. 주님은 우리에게 안락함과 기득권을 포기하라고 하시는 것이 아닙니다. 주님은 우리의 생존이 달린 밥벌이 현장에서 생존의 염려를 던져 버리고, 오직 하나님만을 신뢰하라고 하십니다. 생존을 위해 "무엇을 먹을까, 무엇을 입을까" 하는 염려를 하늘 아버지께 맡기고 철저히 하나님만을 신뢰하는 삶을 살라고 하시는 것입니다. 한마디로 주님은 우리에게 생존마저도 포기하고 하나님만 신뢰할 것을 요구하십니다.

주님이 이렇게 하시는 이유가 무엇입니까? 이렇게 해야 비로소 하나님이 우리 삶 가운데 왕 노릇 하심이 드러나기 때문입니다. 이럴 때 비로소 우리 하나님이 아버지 되심이 명백해지기 때문입니다. 이럴 때 비로소 하나님 나라가 우리 안에 임하기 때문입니다.

생존 문제를 해결받는 열쇠

그렇다면 하나님의 백성은 가만히 있기만 하면 하나님이 먹을 것과 입을 것과 마실 것을 주십니까? 적지 않은 이들이 이 말씀을 오해하여 나태한 삶을 정당화합니다. 하지만 하나님의 백성이라도 아무것도 하지 않고 가만히 있으면 먹을 것이 저절로 입 속으로 떨어지지 않습니다.

이것은 새도 마찬가지입니다. 하나님께서는 새도 맨입에 먹여주시지 않습니다. 하나님이 허락하신 세상 안에서 먹이를 구할 수 있도록 하십니다. 이런 점에서 "하나님이 새는 맨입에 먹여주실지 몰라도 인간은 맨입에 먹여주시지 않는다"라는 김훈의 말도 사실이 아닙니다. 하나님은 직접적인 방법으로 맨입에 새를 먹여주시지 않기 때문입니다. 단지 간접적인 방법으로 먹여주시기 때문에, 새도 노력을 해야 합니다.

이것은 사람도 마찬가지입니다. 그러기에 우리 역시 가만히 있어서는 안 됩니다. 하나님의 백성은 먼저 "하나님 나라와 하나님의 의를 구해야" 합니다. 이것이 하나님의 백성에게 요구되는 것입니다. 그러면 하나님께서 먹고 마시는 문제를 해결해주십니다. 그런데 문제는 하나님 나라와 그의 의는 저절로 주어지는 것이 아니라는 데 있습니다. 적극적으로 구해야 합니다. 그렇다면 하나님 나라를 구한다는 말이 무슨 뜻입니까?

하나님의 나라란 하나님의 통치를 의미합니다. 즉, 하나님을 왕으로 모시고 내 모든 삶의 영역에서 그분의 통치를 받는 것을 의미합니다. 결국 하나님 나라를 구한다는 말은 하나님의 통치를 갈망한다는 것입니다. 하나님의 다스림을 먼저 갈망하면, 생존의 문제를 해결해주신다는 것입니다.

그렇다면 어떻게 해야 하나님의 통치를 받을 수 있습니까? 우선 하나님의 통치를 받으려면, 내 삶의 소유권을 모두 하나님께 이전해야 합니다. 그렇게 해야 하나님께서 내 모든 소유를 하나님의 뜻대로 사용하실 수 있기 때문입니다. 이런 이유로 하나님 나라를 소유하려면 누구든 예외 없이 자신의 모든 소유권을 하나님께 이전해야 합니다.

하나님의 통치를 받고자 할 때 팔아야 할 모든 소유란 구체적으로 무엇을 의미합니까? 마태복음 19장 29절은 우리가 소유권을 이전해야 하는 것들이 무엇인지를 잘 보여줍니다.

> 또 내 이름을 위하여 집이나 형제나 자매나 부모나 자식이나 전토를 버린 자마다 여러 배를 받고 또 영생을 상속하리라.

집이나 땅 같은 물질적 재산은 물론이고, 가족, 친척, 친구 등과 같은 인간관계마저도 하나님께 소유권을 이전해야 한다는 것입니다. 어디 그뿐입니까? 우리의 직장, 재능, 취미, 시간, 건강, 생명의 소유권을 이전해야 합니다. 이렇게 자신의 모든 소유권을 하나님께 넘기며 하나님의 통치를 받고자 갈망한다면 하나님께서 먹고 입는 모든 문제를 해결해주시겠다고 하십니다.

물론 하나님의 통치를 신뢰하고 하나님께 자신의 모든 삶을 드리는 것은 쉬운 일이 아닙니다. 하나님의 통치를 받으려면 믿음의 결단이 있어야 합니다. 하나님 나라와 그의 의를 먼저 구하면서, 자기 생존을 위한 먹고사는 문제는 하늘 아버지께 맡기는 철저한 신뢰의 삶을 살려면 믿음이 필요합니다.

예를 들어 안식년 규정을 보겠습니다. 하나님은 인간이 자기 힘을 의지하기보다는 하나님께서 선물로 주시는 삶을 살아야 함을 보여주고자 안식년 규례를 주시고, 7년마다 땅을 갈지 말고 묵혀두라고 하셨습니다. 그러나 매 7년마다 땅을 묵혀두면 소출이 없는 3년간 무엇을 먹고 사느냐 하는 염려가 자연스럽게 듭니다. 레위기 25장 20절에서 이런 염려를 볼 수 있습니다. "만일 너희가 말하기를 우리가 만일 일곱째 해에 심지도 못하고 소출을 거두지도 못하면 우리가 무엇을 먹으리요 하겠으나."

이런 걱정에 대해 하나님은 무엇이라고 말씀하십니까? "내가 명령하여 여섯째 해에 내 복을 너희에게 주어 그 소출이 삼 년 동안 쓰기에 족하게 하리라"(레 25:21). 하나님이 3년 치에 해당하는 소출을 거두게 하신다는 것입니다. 그러니 염려하지 말고 안식년을 지키라고 명하십니다. 이렇게 하나님 통치를 받길 갈망한다면, 하나님께서 복을 주신다는 뜻입니다.

이것은 6일 일하고 하루를 쉬는 안식일 규정에도 마찬가지로 적용됩니다. "너희는 무엇을 먹을까 무엇을 마실까 염려하지 말라"고 하신 것을 안식일과 안식년 규정에 비추어 풀어보면 이런 의미로 말씀하신 것입니다. "엿새 동안(혹은 6년 동안) 부지런히 일한다면, 하나님이 너와 너의 가족을 돌보실 것이다. 그러므로 염려하지 말고 하루를 쉬고, 1년 동안 땅을 묵혀두어라. 씨도 뿌리지 않고, 추수도 하지 않고, 곡식을 곳간에 모아들이는 일도 없는 하늘의 새들을 먹이시는 것처럼, 하나님은 너희의 필요를 채우신다. 안식일과 안식년을 지키지 않는 이방인이라고 해서 결코 너희보다 부유하지 않다."

이렇게 하나님 나라와 그의 의를 구하는 일은 결코 쉬운 것이 아닙니다. 먼저 자신의 욕심과 정욕을 죽여야 하기 때문입니다. 한마디로, 결국 자기가 죽어야 합니다. 이것이야말로 가장 힘든 일 아닙니까? 따라서 하나님 나라와 의를 구하는 일이야말로 자기 십자가를 지고 주님을 따르는 일과 같습니다.

지금도 주님은 이렇게 하나님의 백성이 날마다 자기 십자가를 지고 주님을 따르면서 하나님 나라와 그의 의를 먼저 구한다면 이 모든 것을 더해 주실 것이라고 약속하십니다.

내일 일은 내일에 맡겨라

주님은 공중 나는 새의 비유를 하신 후에 마지막 충고를 덧붙이셨습니다. "그러므로 내일 일을 위하여 염려하지 말라. 내일 일은 내일이 염려할 것이요 한 날의 괴로움은 그날로 족하니라"(마 6:34).

내일 일을 위하여 염려하지 말아야 하는 이유로 주님은 두 가지를 드십니다.

첫째, 내일 일은 내일이 염려할 것이기 때문입니다. 여기서 내일은 마치 사람처럼 인격화되어 있습니다. 원문을 직역하면 "내일을 위하여 염려하지 말라. 내일이 그 자체를 염려할 것이니까"(for tomorrow will care for itself: NASB)라고 옮길 수 있습니다. 내일이 내일을 염려할 것이니까 너는 내일 일은 염려하지 말라는 것입니다. 이 문맥에서 '내일'은 '하나님'을 가리킵니다. 다시 말해 내일 일은 내일이신 하나님이 염려하시니 너희는 걱정하지 말라는 것입니다. 내일을 걱정하는 것은 자녀들 몫이 아닙니다. 아버지의 몫입니다.

저의 집 아이 둘이 대학을 다니던 시절의 이야기입니다. 당시 등록금에, 책값에, 용돈에, 하숙비와 기숙사비까지 들다 보니 경제적으로 부담이 커졌습니다. 그래서 아이들을 불러 모으고 형편이 어려우니 절약을 하자고 이야기를 해야겠다는 생각이 들었습니다. 이제 마이너스 통장을 써야만 하는 상황이라고 이야기하면서 부채 상황을 구체적으로 설명하려고 하는데, 갑자기 딸아이가 제 말을 가로막았습니다.

"아빠, 가정의 시시콜콜한 경제 상황은 원래 부모님이 애들한테 이야기하는 게 아니래."
"형편이 어려워지면 말할 수도 있는 거고, 또 너희도 이제 컸으니 돌아가는 상황을 알아야지. 누가 그런 말을 하는데?"
"내가!"

저는 딸아이의 말을 듣는 순간, 아이 말이 맞다는 생각이 들었습니다. 가족의 '내일 일'은 부모가 책임지는 것이며, 아이는 그저 부모만 신뢰하고 잘 따라오면 되는 것 아닙니까? 아이들은 든든한 부모가 있으므로 내일 일을 염려하지 않고 열심히 자기 일을 하면 됩니다. 그래서 재정 상태를 브리핑하려던 것을 멈추고, 이렇게 부탁했습니다. "아빠가 요새 좀 힘들거든. 조금만 봐줄래. 돈 좀 아껴서 쓰고, 열심히 공부해서 장학금도 타오면 좋겠다."

한 날의 괴로움을 잘 감당하는 법

주님은 우리가 내일 일을 위하여 염려할 필요가 없는 두 번째 이유로, "한 날 괴로움은 그날로 족하"기 때문이라고 하셨습니다. 주님은 여기서 "한 날의 염려"가 아니라 "한 날의 괴로움"이라고 하십니다.

무슨 뜻입니까? 하나님의 자녀들도 괴로움을 당한다는 것입니다. 따라서 그리스도인은 그저 모든 염려가 사라지기를 위해 기도해서는 안 됩니다. 하나님 나라와 그의 의를 구하며 살면서, 하루에 배당된 괴로움에 대해서는 마땅히 짊어져야 합니다. 우리는 어떻게 하루의 괴로움을 지고 살아야 합니까? 빌립보서 4장 6~7절에서 사도 바울은 이것을 잘 보여줍니다.

아무것도 염려하지 말고 다만 모든 일에 기도와 간구로, 너희 구할 것을 감사함으로 하나님께 아뢰라. 그리하면 모든 지각에 뛰어난 하나님의 평강이 그리스도 예수 안에서 너희 마음과 생각을 지키시리라.

우리가 짊어져야 할 하루의 괴로움을 해결하려면 기도해야 한다고 바울은 권면합니다. 기도한다는 것은 자기 책임을 하나님께 떠넘기는 도피행위가 아닙니다. 기도란 우리가 얼마나 유한한 존재인지를 절실하게 깨닫고, 하나님 앞에서 염려하며 괴로워하는 자신의 모습을 정면으로 마주하는 것입니다. 염려와 근심이 있음을 솔직히 인정하고, 하늘 아버지만을 신뢰하고 소망하며 살겠다고 고백하는 것이 기도가 아닙니까?

따라서 기도는 단순히 내 짐을 절대자에게 넘기는 행위가 아니라, 오히려 더욱 철저히 내 삶을 책임지겠다는 고백이자 선한 결심입니다. 따라서 우리는 기도를 통해 하루의 괴로움을 피하려 하기보다는 하나님이 내게 족하다고 생각해서 주신 하루의 괴로움을 잘 감당하겠다고 고백해야 합니다. 유한한 인간으로서 염려와 근심이 있을 수밖에 없는 상황에서, 공중의 새와 들의 백합화를 주의 깊게 바라보고, 자녀를 친히 먹이시고 기르시는 하나님을 의지하면서 하루의 괴로움을 짊어지겠다는 결단의 기도를 드리는 순간, 염려는 사라지고 하나님의 평강이 우리 안에 넘치게 됩니다.

내 삶을 찢어

2007년 10월, 서울 광진구 광장동 장로회신학대학교 근처에 제자 한 분이 교회를 개척했습니다. 사업하면서 돈이 붙기 시작하여 수십억을 벌 수도 있는 시점이었으나 사업을 접고, 신학을 시작해서 목사 안수를 받은 분이었습니다.

그렇게 뜻을 세우고 신학을 하면서 서울에서 가장 가난한 교회를 찾다가 영등포 롯데백화점 옆의 쪽방촌에 있는 노숙자 교회인 광야교회에서 사역을 시작했습니다. 이분이 제게 설립 예배 설교를 부탁한 것입니다.

자신이 소유한 건물인 고시텔 빌딩 지하에 예배 공간을 만들었기에, 저는 지하로 내려갔습니다. 준비 찬양을 하는 동안, 목사님이 전해준 주보를 들여다보는 순간 저는 가슴에 대못이 박히는 듯한 충격을 받았습니다. 주보 맨 뒷면에 나온 "우리의 신앙 자세"라는 표어 때문이었습니다.

(1) 말씀과 기도로 거룩한 삶을 산다.
(2) 내가 죽고 내 안에 예수께서 사시면 하나님이 하신다.

여기까지는 읽는 데 큰 어려움이 없었습니다. 그러나 저의 눈길이 마지막 문장을 읽어 내려가는데, 갑자기 심장에 대못이 박히는 듯한 통증이 있었습니다.

(3) 내 삶을 찢어 이웃을 섬긴다.

이 마지막 문장은 생존마저 포기하는 신앙의 결단이 무엇인지를 시각적 이미지로 제게 보여주었습니다. "내 삶을 찢어 이웃을 섬긴다"는 문구 앞에서 나는 갑작스레 여러 질문을 쏟아내기 시작했습니다.

"나는 과연 이웃을 섬기고 있는가?"
"섬세하고 세련된 언어와 제스처를 사용한다고 하지만, 언제 내 삶을 찢어낸 적이 있는가?"
"이웃을 섬기느라, 내 삶을 찢는 고통을 느낀 적이 언제였던가?"
"나는 생존의 염려를 내려놓고 이웃을 섬길 수 있는가?"

이런 질문이 머릿속을 빠른 속도로 지나갔습니다. 지금도 당시의 충격을 느낄 수 있습니다. 그 목사님은 자기 소유의 고시텔이 소외된 자와 외국인과 나그네의 거처가 되었으면 하는 바람으로 목회를 시작했다고 제게 말한 적이 있었는데, 그것이 말뿐이 아님을 분명히 알았기 때문입니다.

내 삶을 찢어 이웃을 섬긴다면, 하나님께서 모든 것을 채워주시지 않겠습니까? 공중의 새도 주께서 먹이시고, 오늘 있다가 내일 아궁이에 던질 들풀도 입히시는데, 내 삶을 찢어 이웃을 섬기는 하나님의 백성을 돌보시지 않겠습니까?

지금 무엇을 먹을까, 무엇을 입을까 염려하고 있습니까? 그렇다면 우리는 믿음이 적은 자이거나, 어쩌면 이방인인지도 모릅니다. 그러나 지금 우리의 삶을 찢어 이웃을 섬기느라 고통을 느끼고 있습니까? 그렇다면 걱정할 필요가 없습니다. 주님께서 "애통하는 자는 복이 있나니 그들이 위로를 받을 것"이라고 했기에 우리가 당하는 괴로움은 기껏해야 "한 날의 괴로움"에 지나지 않을 것입니다.

우리 이제 모두 이방인의 염려를 벗어 던지고, 하나님 나라와 의를 먼저 구하면서, 우리에게 맡겨진 하루의 괴로움을 이겨냄으로써 공중의 새처럼 하늘로 비상하게 되기를 바랍니다.

05
―
삭개오와 부자 관리
: 구원의 역설

18 어떤 관리가 물어 이르되 선한 선생님이여 내가 무엇을 하여야 영생을 얻으리이까 19 예수께서 이르시되 네가 어찌하여 나를 선하다 일컫느냐 하나님 한 분 외에는 선한 이가 없느니라 20 네가 계명을 아나니 간음하지 말라, 살인하지 말라, 도둑질하지 말라, 거짓 증언 하지 말라, 네 부모를 공경하라 하였느니라 21 여짜오되 이것은 내가 어려서부터 다 지키었나이다 22 예수께서 이 말을 들으시고 이르시되 네게 아직도 한 가지 부족한 것이 있으니 네게 있는 것을 다 팔아 가난한 자들에게 나눠 주라 그리하면 하늘에서 네게 보화가 있으리라 그리고 와서 나를 따르라 하시니 23 그 사람이 큰 부자이므로 이 말씀을 듣고 심히 근심하더라 24 예수께서 그를 보시고 이르시되 재물이 있는 자는 하나님의 나라에 들어가기가 얼마나 어려운지 25 낙타가 바늘귀로 들어가는 것이 부자가 하나님의 나라에 들어가는 것보다 쉬우니라 하시니 26 듣는 자들이 이르되 그런즉 누가 구원을 얻을 수 있나이까 27 이르시되 무릇 사람이 할 수 없는 것을 하나님은 하실 수 있느니라 28 베드로가 여짜오되 보옵소서 우리가 우리의 것을 다 버리고 주를 따랐나이다 29 이르시되 내가 진실로 너희에게 이르노니 하나님의 나라를 위하여 집이나 아내나 형제나 부모나 자녀를 버린 자는 30 현세에 여러 배를 받고 내세에 영생을 받지 못할 자가 없느니라 하시니라

누가복음 18:18~30

1997년에 〈US 뉴스 & 월드 리포트〉에서는 유명 인사 중에 과연 "누가 천국에 갈 수 있을까요?"라는 설문조사를 했습니다. 그 결과 테레사 수녀가 79퍼센트로 1등이었습니다. 토크쇼 진행자인 오프라 윈프리가 2위, 농구 선수 마이클 조던이 3위였습니다. 그런데 흥미로운 것은 87퍼센트로 테레사 수녀를 앞지른 인물이 있었습니다. 바로 질문을 받은 자기 자신이었습니다. 평균적인 미국인들은 자신이 테레사 수녀보다 천국에 갈 가능성이 더 높다고 생각하고 있는 것입니다. 한국의 그리스도인도 마찬가지 아닐까요? 독자 중에 나는 천국에 갈 수 없다고 생각하는 사람이 있습니까? 대부분 '다른 사람은 몰라도 최소한 나는 가겠지'라고 생각합니다.

그렇다면 천국의 확신이 있는 그리스도인 가운데 자신을 "성경 말씀대로 사는 헌신적인 제자"라고 생각하는 사람은 얼마나 될까요? 1997년에 프린스턴 대학교의 종교연구소(Princeton Religion Research Center)의 여론 조사 결과 미국인의 80퍼센트는 자신을 그리스도인이라고 고백했고, 구원의 확신이 있다는 사람도 무려 60퍼센트나 되었습니다. 그렇다면 자신이 "성경대로 사는 제자"라고 답한 사람은 얼마일까요? 구원의 확신이 있는 사람 중 4분의 1밖에 안 되는 16퍼센트만이 자신을 "성경대로 사는 헌신적인 그리스도인"이라고 답했습니다.

이런 사실은 우리에게 심각한 질문을 던집니다. 말씀대로 헌신하지 않은 그리스도인도 구원받을 수 있을까요? 모든 직업이 하나님의 소명이라는 명분 아래 많은 사람이 선호하는 좋은 직장이나 직업에 종사하면서, 자기 인생을 구체적으로 하나님께 드린 적도 없고, 소유를 하나님께 바친 적도, 자녀를 하나님께 드린 적도 없는데 과연 구원받을 수 있을까요?

유대인들의 고민

놀랍게도 예수님 당시 유대인들은 평생 율법의 멍에와 회개의 멍에를 메고 살면서도 구원의 확신이 없었습니다. 전 인생을 계명 지키며 살았어도 용서받지 못한 죄가 있을 수 있고, 회개할 기회 없이 죽으면 모든 것을 잃는다고 보았기 때문입니다. 1세기의 유명한 랍비 엘르아살이 "죽기 하루 전에 회개하라"고 외치자 한 제자는 사람이 죽을 날을 알지 못하는데 어떻게 죽기 하루 전에 회개할 수 있느냐고 반문했을 때, 그는 이렇게 대답합니다.

죽을 날이 언제인지 모르고 내일 죽을지 모르므로 오늘 더욱 회개할 필요가 있다. 따라서 우리는 매일 회개하면서 살아야 한다.

게다가 유대인에게 회개란 단순히 감정적인 찔림과 후회가 아니라, 저지른 악행에 대해 가시적인 보상을 하고, 지금과는 전혀 다른 삶을 사는 것을 의미했습니다. 그러므로 구원을 확신하기가 쉽지 않았습니다. 예를 들어 세리가 회개하려면 직업을 버려야 했고, 그동안 속인 것에 5퍼센트 이자를 붙여 원금을 보상해야 했습니다. 세리는 이것을 실천할 수 없었기에, 바리새인들은 직업상 세리를 "구원받을 수 없는 자"로 여겨 회당에서 쫓아냈습니다. 삭개오는 이들이 볼 때 구원받지 못할 자였습니다.

본문에서 관리가 예수님께 "내가 무엇을 하여야 영생을 얻으리이까"라고 물은 것은 당시 전형적인 유대인의 생각을 보여줍니다. 그런데 예수님은 어려서부터 계명을 지킨 이 관리에게 "이미 영생을 얻었다"라고 하지 않으셨습니다. 오히려 한 가지 부족한 것이 있다면서 "네게 있는 것을 다 팔아 가난한 자들에게 나눠 주라. … 그리고 와서 나를 따르라"고 하셨습니다. 그가 크게 근심하자 예수께서는 폭탄선언을 하십니다.

> 재물이 있는 자는 하나님의 나라에 들어가기가 얼마나 어려운지 낙타가 바늘귀로 들어가는 것이 부자가 하나님의 나라에 들어가는 것보다 쉬우니라 (눅 18:24~25).

말씀에서는 '어렵다'고 했지만, 낙타가 바늘귀로 들어가는 것은 사실상 불가능합니다. 따라서 우리는 주님의 말씀을 이해할 수 없습니다. 돈이 있어야 제사도 드리고 구제도 할 수 있었기 때문에 예수님 당시에도 부자는 하나님의 축복을 받은 자로 인정받았습니다. 하나님의 축복을 받은 부자가 어려서부터 계명을 다 지켰는데, 그것으로도 모자라 재산을 모두 팔아 가난한 사람에게 나누어 주어야만 영생을 얻을 수 있다면 과연 누가 구원을 얻을 수 있을까요?

사람은 할 수 없지만…

이 말씀을 듣던 자들 역시 이런 질문을 던지자 예수께서는 선언하셨습니다.

> 무릇 사람이 할 수 없는 것을 하나님은 하실 수 있느니라(눅 18:27).

그렇습니다. 이것이 구원입니다. 구원은 결코 삶의 몇 가지 행동과 태도가 달라지는 문제가 아닙니다. 사람이 할 수 없는 것을 하나님이 하게 해주시는 것, 이것이 구원입니다. 그런데 삭개오를 보면 낙타가 바늘귀로 들어가는 기적이 일어나고 있습니다.

삭개오가 서서 주께 여짜오되 주여 보시옵소서. 내 소유의 절반을 가난한 자들에게 주겠사오며 만일 누구의 것을 속여 빼앗은 일이 있으면 네 갑절이나 갚겠나이다(눅 19:8).

어려서부터 계명을 모두 지킨 부자 관리가 할 수 없었던 일을, 그것도 구원받지 못할 자로 낙인 찍힌 세리 삭개오가 하고 있습니다. 그렇다면 구원이 일어난 것이 아닙니까? 이에 예수께서는 "오늘 구원이 이 집에 이르렀으니 이 사람도 아브라함의 자손임이로다"(눅 19:9)라고 선언하신 것입니다.

우리는 과연 누구입니까? 어려서부터 계명을 지켰으나 한 가지 부족한 것이 있어 끝내 바늘귀 앞에서 절망하고 마는 낙타입니까? 아니면 "오늘 구원이 이 집에 이르렀다"는 선언을 들을 만큼 삶에서 구원받은 능력이 드러나는 진정한 하나님의 자녀로 살고 있습니까?

관리가 회개하지 못한 이유

도대체 동네에서 소문난 죄인으로 낙인찍힌 세리 삭개오는 회개하고 구원받을 수 있었던 반면에 평생 계명을 지켜온 부자 관리는 구원받지 못한 이유는 무엇일까요? 왜 하필이면 예수께서 이 관리를 낙타에 비유하셨을까요? 질문에 대해 처음부터 하나하나 살펴보겠습니다. 어떤 관리가 예수님께 나아와 질문을 던졌습니다.

> 선한 선생님이여 내가 무엇을 하여야 영생을 얻으리이까(눅 18:18).

이 질문에 대한 예수님의 대답은 관리를 상당히 혼란스럽게 했습니다. 예수께서 "네가 어찌하여 나를 선하다 일컫느냐 하나님 한 분 외에는 선한 이가 없느니라"고 따끔하게 지적하신 후에, 유대인이면 누구나 잘 아는 기본적인 십계명을 그것도 5번째부터 9번째 계명만 언급하셨기 때문입니다.

> 네가 계명을 아나니 간음하지 말라, 살인하지 말라, 도둑질하지 말라, 거짓 증언하지 말라, 네 부모를 공경하라 하였느니라(눅 18:20).

예수께서는 "나 외에 다른 신을 섬기지 말라, 우상을 만들지 말라, 내 이름을 망령되이 일컫지 말라, 안식일을 지키라"는 첫 번째부터 네 번째 계명과 "탐내지 말라"는 열 번째 계명은 왜 언급하지 않으셨을까요? 어떤 해석자는 이 계명들은 실제로 사람이 지켰는지 눈으로 확인하기 어려워서 그렇게 했다고 봅니다. 이 주장에도 일리가 있지만, 그보다 더 중요한 이유가 있습니다.

먼저, 관리는 "이것은 내가 어려서부터 다 지키었나이다"라고 답합니다. 오직 하나님 한 분만이 선하다는 예수님의 말씀을 심각하게 들었다면, 자신을 좀 더 깊이 성찰하고 대답해야 했지만 이 관리는 그렇게 하지 못했습니다. 그렇다고 해서 그가 거짓으로 말한 것은 아니었습니다. 예수께서 "네가 언제 계명을 다 지켰느냐"고 반박하지 않으신 것과 같은 사건을 기록한 마가복음에서 그의 대답을 들으신 후에 "예수께서 그를 보시고 사랑하사"(막 10:21)라고 하신 것을 보면 그의 대답은 나름대로 신실했던 것으로 보입니다. 그러나 그는 이 대답이 자기 무덤을 파는 것임을 몰랐습니다. 21절을 보면 이유를 알 수 있습니다.

> 네게 아직도 한 가지 부족한 것이 있으니 가서 네게 있는 것을 다 팔아 가난한 자들에게 주라. 그리하면 하늘에서 보화가 네게 있으리라. 그리고 와서 나를 따르라 하시니(눅 18:21).

언뜻 보면 "아직도 한 가지 부족한 것이 있다"라는 예수님의 말씀은 뜬금없어 보입니다. 유대교는 기부자가 빈곤에 빠지는 것을 막기 위해 기부 액수의 상한선을 재산의 20퍼센트로 정해놓았습니다. 십일조와 세금을 내야 했기에 재산의 20퍼센트를 기부하는 것도 작지 않습니다. 그런데 재산을 다 팔라니 이건 너무한 것 아닌가요? 계명을 지키면 된다고 해서 모든 계명을 다 지켰다고 하니까, 이제는 생뚱맞게 "재산을 다 팔아 가난한 자들에게 나눠 주라"며 다른 조건을 들이대는 것처럼 보입니다.

어떻게 보면 예수께서는 이 조건 저 조건을 들이대면서 억지 춘향을 부리는 것처럼 보이지만 이는 사실이 아닙니다. "네게 한 가지 부족한 것이 있다"는 예수님 말씀은 이런 뜻입니다.

네가 5번째부터 9번째 계명까지 모두 다 지켰다면, 그리고 영생 얻기를 그렇게 원한다면, 나머지 십계명을 모두 지켜야 한다. 나머지 5가지 계명의 핵심이 무엇인가? 우상과 탐심을 버리는 것 아닌가? 재물과 하나님을 동시에 섬길 수 없는 것 아닌가? 그렇다면 이제 네게 있는 것을 다 팔아 가난한 자들에게 나눠 주고 나를 따르라. 내가 언급하지 않은 나머지 5계명의 핵심인 우상과 탐심을 버리라는 계명을 너는 마저 지켜야 한다. 이것에 네게 부족한 한 가지다.

어려서부터 계명을 다 지켰다고 이야기한 관리는 어떤 반응을 보입니까? 그는 심히 근심합니다. 그가 "큰 부자"였기 때문입니다. 우리는 너무 쉽게 이 사람을 정죄하지만, 성실하게 살아온 대부분 그리스도인과 이 관리는 크게 다르지 않을 것입니다. 마태복음을 보면 이 사람은 청년이라고 되어 있는데 아마도 24세에서 40세 어간의 인물로 보입니다. 따라서 공관복음서를 모두 종합해서 우리는 흔히 이 사람을 "젊은 부자 관리"(young rich ruler)라고 부릅니다.

어려서부터 계명을 다 지켰다면 그는 정직하게 부를 모은 사람일 것입니다. 게다가 젊은 나이에 관리가 되었다고 한다면 얼마나 자기 관리를 잘했겠습니까? 더욱이 그는 어려서부터 계명을 지켜 온 신실한 신자로 영생에 깊은 관심이 있었습니다.

낙타의 절망

예수께서 이 관리를 낙타에 비유한 것을 보면 그는 밤이나 낮이나 율법을 묵상하고 되새김질하며 살아온 낙타 같은 사람이었음이 분명합니다. 낙타는 물 없는 열사의 땅 사막에서도 350킬로그램의 짐을 싣고 447킬로미터를 물도 없이 열엿새 동안 이동하고, 하루 쉬고 240킬로미터를 더 이동했다는 기록이 있을 정도의 동물입니다.

이런 낙타의 모습은 많은 이에게 감동을 줍니다. 김한길이 1989년에 쓴 소설 《낙타는 따로 울지 않는다》에는 주인공 박준의 말에서 이런 대목이 나옵니다.

> 나 말이야, 가끔씩 낙타를 생각해. 아무것도 없는 사막을 향해 타박타박 걸어가는 낙타 말이야. 아무 소리도 내지 않고, 울지도 않고, 곁눈질도 하지 않고, 그냥 타박타박 걸어가는 거야. 오아시스가 나타나도 낙타는 열광하지 않아. 물이 있으면 마시고 없으면 안 마시고 그리고 또 가는 거야. 오아시스가 안 보인다고

초조해하지도 않아. 뛰지도 않고 쉬지도 않고 무조건 타박타박 걸어가는 거야. 낙타란 놈들은 도대체 왜 사는지를 모르겠어. 낙타란 놈들을 생각하면 화가 난단 말이야.

어려서부터 계명을 묵상하고 되새김질하고 묵묵히 지켜오면서 사회적 지위와 부를 얻은 젊은 부자 관리는 어떻게 보아도 낙타와 닮았습니다. 그런데 율법의 멍에와 회개의 멍에를 지고 성실하게 살면서 얻은 사회적 지위와 부는 오히려 그를 영생이라는 바늘귀로 들어가지 못하게 하는 결정적 장애물이 되었습니다.

그 이유가 무엇입니까? 영생은 몇 가지 가시적인 계명만 지키면 사회적 지위나 부유함과 함께 덤으로 얻는 보너스 같은 게 아니기 때문입니다. 영생은 때론 자신의 지위와 부를 다 팔아야 얻을 수 있는 하나님 나라의 보화이기 때문입니다.

그러나 젊은 부자 관리는 '어려서부터 계명을 다 지켰는데 한 가지 부족한 것이 있다고 해서 구원을 못 받는 것은 아니겠지' 하고 생각한 것 같습니다. 그는 심히 근심만 했을 뿐 회개하지 않았습니다. 이런 사람이 오히려 회개하기 힘들다는 사실을 청교도 설교자 리처드 백스터는 이렇게 지적합니다.

자기들이 악인이 아니고 이미 회개했다고 생각할 확률이 높은 게 문제다. "회개하지 않으면 반드시 죽는다"는 하나님의 말씀을 듣고도 자기는 해당하지 않는다고 생각하기 때문이다. 예수께서 일반 백성보다 훨씬 고결하고 신앙적인 유대 지도자들에게 "세리들과 창녀들이 너희보다 먼저 하나님의 나라에 들어가리라"고 말씀하신 것도 그런 이유 때문이다.

이 말씀은 창기나 죄인이 회개하지 않더라도 구원받을 수 있다는 뜻이 아니다. 신앙이 있고 품행이 단정한 사람은 진실로 회개하지 않았으면서도 자신이 회개했다고 생각함으로 스스로 속이지만, 추악한 죄인들은 자신의 죄를 잘 알고 있기에 그 죄와 비참함…을 깨우치기가 훨씬 쉽다는 뜻이다.

(리처드 백스터, 《회개했는가》, 79~80쪽, 규장, 2008년)

은혜를 먼저 경험한 삭개오

부자 관리와 삭개오를 비교하면 이런 사실을 금방 알 수 있습니다. 삭개오는 세리였지만 바리새인보다 먼저 하나님 나라에 들어가고 있습니다. 삭개오가 회개하고 먼저 하나님 나라에 들어갈 수 있었던 이유는 무엇일까요?

우선 회개하려는 의지가 아무리 강해도 회개할 자유와 능력이 없으면 회개할 수 없다는 사실에 주목해야 합니다. 우리는 남에게 "회개하라"고 외치기도 하고 또 종종 나부터 먼저 회개해야 한다고 고백하기도 합니다. 그러면서도 회개는 누구에게도 절대 쉽지 않음을 우리는 잘 압니다.

따라서 예나 지금이나 진정한 회개란 쉽지 않기에 바리새인들은 심판의 두려움을 강조하면서 회개하지 않으면 영원한 심판을 당하게 된다고 경고했습니다.

그러나 단지 회개하라는 요구 자체는 진정한 회개를 이끌어내지 못합니다. 회개는 회개하려는 의지만으로 할 수 있는 것이 아니기 때문입니다. 회개할 수 있는 자유와 능력이 없이는 인간은 누구도 회개할 수 없습니다.

그렇다면 진정한 회개의 자유와 능력은 어디에서 옵니까? 잃어버린 자를 찾아 이 땅에 오신 그리스도의 조건 없는 사랑만이 회개의 자유와 능력을 산출합니다. 회개하지 않을 자로 여겨 회당에서 축출당했을 삭개오가 재산의 절반을 가난한 자에게 주고, 나머지 재산에서도 부당하게 갈취한 것에 대해 네 배나 갚겠다고 선언하며 회개한 이유가 무엇입니까?

예수께서 뽕나무에 올라간 삭개오를 쳐다보시며, "삭개오야 속히 내려오라. 내가 오늘 네 집에 유하여야 하겠다" 하시며 조건 없는 사랑으로 용납하셨기 때문입니다. 예수께서는 "이미 도끼가 나무뿌리에 놓였으니 좋은 열매를 맺지 아니하는 나무마다 찍혀 불에 던져지리라" 하는 식으로 삭개오에게 먼저 회개를 요구하시지 않았습니다.

삭개오가 회개하기도 전에 아무 조건 없이 그를 용납하시고 친구 삼으셨기 때문입니다. 예수님의 무조건적인 사랑으로 삭개오는 자유롭게 회개할 마음을 갖게 되었습니다. 바리새인들의 정죄는 삭개오에게 회개할 능력을 주지 못했습니다. 주님의 무조건적인 용서와 사랑만이 삭개오에게 진정으로 회개할 수 있는 능력을 부여한 것입니다.

이렇게 회개란 무거운 멍에가 아니라 선물임을 이미 주님은 가르쳐 주셨습니다.

> 수고하고 무거운 짐 진 자들아 다 내게로 오라. 내가 너희를 쉬게 하리라. 나는 마음이 온유하고 겸손하니 나의 멍에를 메고 내게 배우라. 그리하면 너희 마음이 쉼을 얻으리니 이는 내 멍에는 쉽고 내 짐은 가벼움이라(마 11:28~30).

유대교에서는 회개해야 은혜를 받을 수 있었습니다. 그래서 평생 율법의 멍에와 회개의 멍에란 두 개의 멍에를 메고 산 것입니다. 그러나 예수님은 은혜를 먼저 베푸신 후에 비로소 회개를 기대하십니다. 아무 조건 없이 베푸시는 주님의 은혜와 사랑을 경험하면 회개의 멍에는 쉽고 율법의 짐은 가벼워집니다.

주님의 사랑을 경험한 삭개오가 급히 내려와 즐거워하며 기쁨으로 회개한 것은 바로 이런 이유에서였습니다(19:6). 삭개오의 회개는 고통이 아니라 기쁨 가운데 진행되었습니다. 주님이 비유 가운데 말씀하신 것처럼, 밭에 묻힌 보화를 발견한 사람은 슬픔과 고통을 느끼면서 그 밭을 사지 않습니다.

> 천국은 마치 밭에 감추인 보화와 같으니 사람이 이를 발견한 후 숨겨 두고 기뻐하며 돌아가서 자기의 소유를 다 팔아 그 밭을 사느니라(마 13:44).

본문 29절을 보더라도 천국의 보화를 발견한 자들은 "하나님의 나라를 위하여 집이나 아내나 형제나 부모나 자녀를 버[릴]" 수 있다고 주님은 말씀하셨습니다.

그런데 여기서 한 가지 주목해야 할 것이 있습니다. '버린다'(아피에미)는 말을 지나치게 문자적으로 해석해서는 안 된다는 것입니다. 베드로는 예수님을 따른 이후에도 여전히 집과 배를 소유하고 있었고, 가족관계도 완전히 단절하지는 않았던 것으로 보입니다(막 1:29). 그렇다면 여기서 '버린다'는 개념은 "소유권 이전" 내지는 "우선순위의 전환"(마 10:37; 눅 14:26, 33)을 의미하는 것으로 이해해야 합니다.

물론 하나님 나라에 들어가려면 우리가 소유한 모든 것의 소유권을 이전해야 한다고 주님은 가르치셨습니다. 하지만 그렇다고 해서 그리스도인이 누구나 재산을 모두 팔아 가난한 자에게 나누어 주어야 하는 것은 아닙니다. 만일 모든 그리스도인이 재산을 다 판다면, 그다음에는 빈곤해진 우리 삶을 누가 책임지겠습니까?

이것이 사실이라면 예수께서 부자 관리에게 굳이 재산을 다 팔라고 요구한 이유는 무엇일까요? 예수께서 모든 소유를 팔아 가난한 자에게 나누어 주라고 한 것은, 이 관리에게 특별히 요구되는 소유권 이전 방식이라는 점에 유의해야 합니다. 부자 관리가 어려서부터 계명을 다 지켰다고 하니까, "그러면 너의 모든 소유권을 하나님께 이전할 수 있는지 시험하겠다. 너의 재산을 다 팔아 가난한 자들을 나눠 주라"고 하신 것입니다. 이 관리의 마음을 꿰뚫어 보신 예수께서 특별히 이 사람에게 그렇게 주문한 것입니다.

삭개오도 재산을 다 팔겠다고 하지는 않았습니다. 그는 "재산의 절반을 가난한 자에게 주고, 남에게 부당하게 갈취한 것은 네 배나 갚겠다"라고 했습니다. 삭개오에게는 이 선언이 그가 회개했다는 결론을 내릴 만한 충분한 근거가 되었고, 이에 주님께서 "오늘 구원이 이 집에 이르렀다"라고 선언하신 것입니다.

천국 보화를 발견한 자들

어찌되었든 하나님 나라의 보화를 발견한 사람은 가진 모든 소유와 그 소유권을 이전해야 하는 것만큼은 분명한 사실입니다. 그렇다면 이렇게 하나님 나라를 위해 재산과 가족을 버리는 행위는 아무런 보상도 없이 그저 희생으로 끝날 뿐입니까?

결코 그렇지 않습니다. 이어지는 베드로의 질문과 주님의 대답은 우리에게 놀라운 희망을 보여줍니다.

베드로가 여짜오되 보옵소서. 우리가 우리의 것을 다 버리고 주를 따랐나이다. 이르시되 내가 진실로 너희에게 이르노니 하나님의 나라를 위하여 집이나 아내나 형제나 부모나 자녀를 버린 자는 현세에 여러 배를 받고 내세에 영생을 받지 못할 자가 없느니라 하시니라(눅 18:28~30).

주님은 우리가 버린 만큼만, 일대일로 돌려주신다고 하지 않으셨습니다. 버린 것보다 몇 배나 더 많이 주시겠다고 약속하셨습니다. 이 약속만큼 위로가 되는 말씀이 어디 있습니까? 씨 뿌리는 자의 비유에서 가르치신 것처럼 우리가 씨를 뿌리면 하나님께서는 최소한 삼십 배, 육십 배, 백 배의 결실로 갚아주십니다. 오늘 본문에서도 주님은 베드로에게 여러 배로 보상받을 것이라고 약속하셨습니다. 누가복음은 여러 배이지만 마가복음은 백 배를 말합니다(10:28~31). 젊은 부자 관리와 삭개오 이야기는 구원의 능력이 무엇인지, 천국은 무엇이며, 천국의 보상은 어느 정도인지를 잘 보여줍니다.

〈기독교사상〉 2004년 9월호에는 여수 애양원의 양재평 장로님에 관한 인터뷰 기사가 실려 있습니다. 양 장로님은 한센병에 걸려 18살에 애양원에 들어가, 1950년에 손양원 목사님이 순교하실 때까지 목사님의 사랑을 받으며 결혼까지 했습니다. 최소한 눈이나 손 하나에라도 감각이 있으면 애양원에서도 일을 할 수 있는데, 1951년이 되자 시력은 물론 손의 감각마저 완전히 잃게 되었고, 한동안 자신은 그저 "밥 먹고, 약 먹고 죽어가는 버러지"라는 생각에 좌절했습니다.

그러나 하나님의 사랑으로 회복된 후에는 남아 있는 감각인 청각과 기억력을 동원해서 성경을 외우는 모임을 만듭니다. 각자 성경을 외워 와서 성경을 꿰어맞추면서 성경이 통째로 머리에 들어왔고, 나중에는 가슴으로 스며들어왔다고 합니다. 당시 여든이 넘은 양재평 장로는 이렇게 고백합니다.

> 밭에 숨겨진 보화를 산 것이야. 우리는 전부를 잃고 천국을 산 것이었어. 천형이라는 병을 얻어서 예수를 믿었고, 시력과 손의 감각을 잃은 대신 신약성경을 얻었지. … 나사로는 죽어서 하나님 나라 갔지만 살아서, 삶 속에서 누리는 하나님 나라도 있지. … 빛도 어둠도, 평안도 환난도 모두 좋은 것이 될 수 있어. … 그게 의심되면 애양원의 우리를 봐. 감사하고 찬양하며 기뻐하는 우리를 보라고. 우리는 믿어. 우리가 받은 그 저주 같은 병조차 사랑이고, 복이고, 천국에 이르는 과정이라는 사실을 말이지. … 출애굽하는 광야에서도 온갖 환난이 있었고, 반석 위에 지은 집이나 모래 위에 지은 집 모두 바람과 홍수를 맞잖아. … 반석 위에 지었느냐, 모래 위에 지었느냐 그게 중요할 뿐이지. 그래서 우리 주님은 땅 끝까지 이르러 부자 되라고 하지 않고 증인되라고 하셨잖아.

손양원 목사와 양재평 장로는 사람이 할 수 없는 일을 하나님이 하게 하시는 구원 능력의 증인이었습니다. 손양원 목사님은 육신의 부모가 못한 일을 예수의 이름으로 행한 분이었습니다. 길가에 버려진 한센병 환자들을 데려다가 살길을 마련해줌으로써 온 땅의 아비와 어미가 되어 예수 사랑의 증인으로 살았습니다. 양재평 장로는 손양원 목사의 증인 된 삶을 보면서 자신에게 주어진 최소한의 가능성이라도 놓치지 않고 감사하며 살 수 있었다고 고백합니다.

당신이 바늘귀 앞에 서 있다면

우리는 지금 무엇을 위해 살고 있습니까? 부자 되기 위해 살고 있습니까? 아니면 천국 증인으로 살아가고 있습니까? 어려서부터 계명에 익숙하고 잘 지켜서 세상에서 지위와 부를 얻으며 세련되게 살아가는 종교인의 모습입니까? 아니면 사람이 할 수 없는 것을 하나님은 하게 하시는 구원의 능력을 보여주는 삶을 살아갑니까?

만일 부자가 되는 것이 목표라면 아무리 성실하게 계명을 지키며 살았다고 하더라도, 우리는 바늘귀 앞에 선 낙타의 절망을 경험하게 될 것입니다. 세상 지위와 돈과 함께 영생도 얻으려고 하는 한, 마지막 날 그 지위와 돈이 천국에 들어가는 기회를 막

아버리는 낙타로 변할지도 모릅니다. 그렇다면 우리는 어떻게 해야 합니까?

첫째, 우리는 삭개오처럼 자신의 초라한 모습을 깨달아야 합니다. 삭개오는 뽕나무(돌무화과나무)에 올라가지 않고는 예수를 볼 수가 없을 정도로 키가 작았습니다. 여기서 키가 "작았다"는 말은 헬라어로 '미크로스'입니다. 영어의 '마이크로'(micro)가 여기서 나왔습니다. 삭개오의 작은 키는 그가 얼마나 보잘것없는 존재인지를 시각적으로 드러냅니다.

삭개오는 초라하고 왜소한 인간이었습니다. 게다가 뽕나무에 올라앉은 초라한 모습이 모두에게 노출되었습니다. 자신의 왜소하고 보잘것없는 모습이 노출되지 않는 한, 인간은 회개하지 않습니다. 누추하고 왜소한 자신의 모습을 직시하지 않고, 자신이 잃어버린 자임을 고백하지 않는 한 구원의 능력을 경험할 수 없습니다.

둘째, 예수님을 지속해서 찾아 나서야 합니다. 한글성경은 삭개오가 예수를 "보고자 하되"라고 옮겼지만 원문을 보면 "예수를 보려고 찾아다녔다"라고 되어 있습니다. 여기서 '찾아다녔다'는 동사는 헬라어 '제테오'인데 삭개오 이야기에서 매우 중요한 역할을 합니다. 10절에서 "인자가 온 것은 잃어버린 자를 '찾아' 구원하려 함"이라고 할 때 사용된 '찾는다'는 동사 역시 '제테오'입니다. 게다가 이 동사는 3절에는 미완료 시제로 되어 있어서 지속성을 강조합니다.

우리가 스스로 잃어버린 자로 여기고 예수님을 지속해서 찾아 나서야 하는 이유가 무엇입니까? 예수님은 "잃어버린 자를 찾아 구원하기" 위해 이 땅에 오신 주님이기 때문입니다. 삭개오가 여리고에 들어오신 예수를 지속해서 찾지 않았다면 그는 잃어버린 자를 찾아 구원하시는 주님의 능력을 체험하지 못했을 것입니다.

오늘날 우리에게 필요한 것이 무엇입니까? 자신의 왜소하고 초라한 모습을 인정하고 지속해서 주님 앞에 나아가 그의 십자가 사랑이 얼마나 큰지를 새롭게 발견하는 것입니다. 이 길 외에는 세상에 구원의 능력을 보일 방법이 없습니다. 이 길 외에는 낙타가 바늘귀로 들어갈 방법이 없습니다. 사람이 할 수 없는 일을 하나님은 하게 하시는 방법이 없습니다.

지금이 그 어느 때보다 주님의 능력이 필요한 시간 아닐까요? 평생 계명을 지키며 성실하게 살아와 사회적 지위와 부를 누리고 있지만, 바늘귀 앞에 선 낙타의 절망을 느끼고 있습니까? 아니면 삭개오처럼 스스로 보잘것없고 왜소하다고 느낍니까? 어떤 경우라도 사람은 할 수 없지만 하나님은 하게 하시는 구원의 능력을 경험해야 합니다.

이 구원의 능력은 오직 우리 주님께만 있습니다. 그 이름을 부를 때 능력 주시는 분은 오직 주님뿐입니다. 우릴 구원하신 능력은 십자가를 바라볼 때 만족 되시는 주님께만 있습니다. 어둠에서 빛을 창조하시고 열방의 소망 되시는 분은 우리와 영원히 함께하시며 우릴 자녀 삼으시는 주님뿐입니다. 절망과 왜소함 때문에 위축된 우리에게 주의 구원의 능력이 임하여, 사람이 할 수 없는 것을 하나님이 하게 하시는 놀라운 기적을 경험하는 복된 삶으로 살아갑시다.

06
—
복 있는 사람,
그 형통의 비밀

✼

1 복 있는 사람은 악인들의 꾀를 따르지 아니하며 죄인들의 길에 서지 아니하며 오만한 자들의 자리에 앉지 아니하고 2 오직 여호와의 율법을 즐거워하여 그의 율법을 주야로 묵상하는도다 3 그는 시냇가에 심은 나무가 철을 따라 열매를 맺으며 그 잎사귀가 마르지 아니함 같으니 그가 하는 모든 일이 다 형통하리로다 4 악인들은 그렇지 아니함이여 오직 바람에 나는 겨와 같도다 5 그러므로 악인들은 심판을 견디지 못하며 죄인들이 의인들의 모임에 들지 못하리로다 6 무릇 의인들의 길은 여호와께서 인정하시나 악인들의 길은 망하리로다

시편 1:1~6

무엇이 행복인지에 대해서는 사람마다 견해 차이가 있지만, 인간은 누구나 행복을 추구하는 존재라는 데는 이견이 없습니다. 서양 신화는 이에 대한 이유로 행복의 여신이 매우 짓궂어 인간 곁을 떠나지 않기 때문이라고 합니다. 행복의 여신은 인간이 따라가면 도망치고, 냉정하게 멀리하면 유혹하며 덤벼들고, 단념하면 뒤에서 조롱한다는 것입니다.

몇 년 전 주일 설교를 마치고 쉬고 있는데 한 분이 가족을 데리고 와서 자기 사업과 식구를 위해 축복 기도를 해달라고 하셨습니다. 제가 진심으로 기도한 후에 그들이 나가자 주변에서 놀라는 것이었습니다. "원래 저분은 진보적이고 심지어 안티 성향도 있어서 축복을 구하는 것을 본 적이 없어요." 이처럼 '행복'이란 인간의 삶과 때래야 뗄 수 없이 연관되어 있기에 진보적이라는 그리스도인도 '기복주의'는 반대하지만 행복을 물리치지는 않습니다.

이렇게 인간은 종교적 이념과 신앙 색깔을 떠나 모두 복받기를 원하는 존재입니다. 그러기에 대한민국의 헌법에서도 "모든 국민은 인간으로서의 존엄과 가치를 가지며, 행복을 추구할 권리를 가진다"(제10조)라고 명시합니다. 엄밀하게 따지면 인간은 하나님의 축복 없이는 단 한 순간도 살아갈 수 없는 연약한 자들입니다. 그래서 바울은 "네게 있는 것 중에 받지 아니한 것이 무엇이냐 네가 받았은즉 어찌하여 받지 아니한 것같이 자랑하느냐?"(고전 4:7) 하고 꾸짖었습니다.

복에 대한 관심으로 가득한 성경

이렇게 우리가 가진 것 중에 하나님께 받지 아니한 것은 하나도 없기에 그리스도인이 하나님께 복을 갈망하는 것은 부끄러운 일이 아닙니다.

하나님께서 인간을 창조하신 후에 하신 첫 번째 일이 무엇입니까? "복을 주시며 … 생육하고 번성하여 땅에 충만하라"(창 1:28)고 하셨습니다. 마태복음에서 예수께서 제자들에게 주신 첫 메시지도 팔복 말씀이었습니다. 이것을 보면 주님께서도 제자들이 복받기를 무척 원하십니다. 시편도 마찬가지입니다. 시편에는 "복 있도다"라는 외침이 무려 26번이나 사용되었을 뿐 아니라 서론인 1~2편과 결론인 146편은 '복 있는 사람'을 강조하며 부각합니다.

복 있는 사람은 악인들의 꾀를 따르지 아니하며(시 1:1).

여호와께 피하는 모든 사람은 다 복이 있도다(시 2:12).

야곱의 하나님을 자기의 도움으로 삼으며 여호와 자기 하나님에게 자기의 소망을 두는 자는 복이 있도다(시 146:5).

그런데 복을 중심으로 성경을 읽다 보면 특이한 점이 있습니다. 시편 1편이든 예수님의 팔복 설교든 한 번도 "복은 무엇이다"라고 명쾌하게 정의한 적이 없다는 것입니다. "복 있는 사람은 악인들의 꾀를 따르지 아니하며"라든지 아니면 "심령이 가난한 자는 복이 있나니 천국이 그들의 것임이요" 하면서 단지 복 있는 사람이 누구인지를 '묘사'하고 있을 뿐입니다. 그렇다면 성경이 행복을 정의하지 않고, 행복한 사람이 누구인지를 묘사만 하는 이유는 무엇일까요? 이것이 풀어야 할 첫 번째 문제입니다.

둘째로 성경이 묘사하는 '복 있는 사람'을 보면 왜 복받은 사람인지 쉽게 이해가 되지 않습니다. 산상수훈에는 "심령이 가난한 자", "애통하는 자", "의에 주리고 목마른 자", "의를 위하여 박해를 받은 자"가 복 있는 사람으로 묘사되지만, 솔직히 인간적으로 가난한 자, 애통한 자, 목마른 자, 박해받은 자가 행복해 보이십니까?

시편도 마찬가지입니다. 1편에 '복 있는 사람'은 "모든 일이 다 형통하[다]"고 하지만 3편 이후를 보면 경건한 자들이 형통은커녕 온갖 시련과 박해를 받고 있습니다. "여호와여 나의 대적이 어찌 그리 많은지요 일어나 나를 치는 자가 많으니이다"(3:1)라고 한 것을 보면 경건한 이들의 대적은 한둘이 아닙니다. "건져낼 자가 없으면 그들이 사자같이 나를 찢고 뜯을까 하나이다"(7:2)라고 부르짖는 것을 보면 그는 사나운 적들에게 엄청나게 물어 뜯김을 당하고 있습니다. 또한 "여호와여 내가 수척하였사오니 내게 은혜를 베푸소서. 여호와여 나의 뼈가 떨리오니 나를 고치소서"(6:2)라고 한 것을 보면 의인은 질병으로 고통당하고 있습니다. 그렇다면 의인들이 이런 고난과 환난을 받고 있는데도 '복 있는 사람'이라고 부르다니 도대체 무슨 의미입니까? 이 질문이 우리가 풀어야 할 두 번째 과제입니다.

시편 1편 말씀을 함께 해석해가면서 '복 있는 사람'이 어떤 자들인지 깨닫는 시간이 되길 바랍니다.

복 있는 '사람'이 되는 것이 중요하다

"왜 성경은 행복이 무엇인지를 정의하지 않고, 단지 행복한 자가 누구인지 묘사만 하고 있을까?" 첫 번째 질문을 보겠습니다. 이를 알려면 우리는 세상 사람들이 행복에 대해 어떻게 생각하는지 살펴볼 필요가 있습니다. 인간들은 보통 돈과 지위와 명예와 외모를 행복의 조건으로 봅니다. 이런 조건이 충족되면 행복해진다고 생각하고 그 행복 자체를 삶의 목표로 삼습니다.

2부. 인생이 묻다, 믿음이 답하다

그러면서도 동시에 인간은 자기 노력만으로는 행복을 얻을 수 없다고 생각합니다. 좋은 집안, 타고난 외모, 의리 있는 친구, 남보다 뛰어난 IQ, 관운, 시험 운, 승진 운 등과 같은 '행운'이 행복에 큰 영향을 미친다고 생각하기 때문입니다. 실제로 '행복'에서 첫 단어 '행'(幸)은 '다행 행', '운 좋을 행'입니다. 행복에는 행운의 요소가 들어 있음을 우리도 인식하고 있습니다.

헬라어에서도 행복은 '유다이모니아'(eudaimonia)인데, '좋은 귀신'이란 뜻입니다. '유'(eu)는 좋다는 뜻이고 '다이모니아'(daimonia)는 영어의 '데몬'과 유사한데, 귀신이란 뜻입니다. '좋은 귀신을 옆에 두는 것'이 행복이라고 파악합니다.

동양인도 행복을 얻으려면 신을 곁에 두어야 하기에 신에게 제물을 드렸습니다. '복'(福)이란 한자어는 '제사에 쓰인 고기와 술' 모양을 본 따 만든 단어입니다. 결국 인간이 신을 섬기는 것도 행복을 얻기 위해서임을 알 수 있습니다. 그러나 문제는 인간이 행복을 목적으로 삼는 한 항상 신의 마음을 만족시키기가 불가능하다는 사실입니다.

우리 역시 행복을 추구하고 성취하고 도달하는 과정에서 우연적인 요소와 행운이 있어야 함을 인정합니다. 현대인들 역시 누구나 자기만의 방식대로 행복을 추구합니다. 그러나 과연 인간이 이런 식으로 행복을 얻을 수 있을까요?

놀랍게도 이렇게 행복 자체를 쫓아서는 결코 행복할 수 없습니다. 그 이유에 관해 로이드 존스는 오래전에 다음과 같이 명쾌하게 정리했습니다.

> 행복이란 절대로 그 자체를 목적으로 두고 찾아서는 얻을 수 없습니다. … 우리 주님은 행복에 주리고 목마른 자가 복이 있다고 하시지 않았습니다. "의에 주리고 목마른 자"가 복이 있다고 하셨습니다. 요리조리 빠져 달아나는 행복을 찾으려고 애쓰는 사람이 아니라, 의를 찾으려고 애쓰는 사람이 행복을 찾게 된다는 말씀입니다. … 성경은 이렇게 말씀합니다. '절대로 행복 그 자체를 목적으로 두지 말아라. 행복이란 언제나 다른 일의 간접적인 결과로 나타나는 것이다. 그것은 언제나 그보다 무한히 더 큰 것이 만들어내는 부산물이다!'
>
> (로이드 존스, 《세상이 모르는 그리스도인의 행복》, 32~34쪽, 청교도신앙사, 2002년)

로이드 존스의 요지가 무엇입니까? "행복이란 언제나 다른 일을 하다 보면 간접적으로 얻게 되는 것"이고 "언제나 행복보다 무한히 더 큰 것을 추구할 때 받는 부산물"이라는 것입니다.

산상수훈을 통해 예수께서 하신 말씀이 바로 이것 아닙니까? 행복을 목표로 사는 것이 아니라, 그와는 다른 일, 즉 심령이 가난한 자가 되면 천국이 우리 것이 되는 결과를 맛본다는 것입니다. 그리고 이런 사람이 복 있는 사람이라는 사실입니다.

행운을 바라면서 행복을 추구하며 사는 게 아니라, 그보다 무한히 더 큰 일, 가령 "의를 위하여 박해를 받는" 삶을 산다면 천국이 부산물로 우리에게 주어진다는 것입니다. 그리고 이런 사람이 "복 있는 사람"이라고 인정받습니다. 이것은 시편 1편에서도 마찬가지입니다.

> 복 있는 사람은 악인들의 꾀를 따르지 아니하며 죄인들의 길에 서지 아니하며 오만한 자들의 자리에 앉지 아니하고 오직 여호와의 율법을 즐거워하여 그의 율법을 주야로 묵상하는도다(시 1:1~2).

행복 자체를 추구하기보다는, 겉으로 보기에 행복과는 전혀 무관한 것처럼 보이는 일, 즉 "악인들의 꾀를 쫓지 아니하며 죄인들의 길에 서지 아니하면," 간접적인 부산물로 하나님의 인정을 받게 된다는 것입니다. 바로 그런 사람이 '복 있는 사람'이라고 성경은 말합니다.

행복을 얻으려고 애쓰기보다 행복보다 무한히 더 큰 것, 즉 겸손히 하나님의 가르침을 받기 위해 "여호와의 율법을 즐거워하여 그의 율법을 주야로 묵상"하면 자연히 시냇가에 심은 나무처럼 철을 따라 열매를 맺고 모든 일이 형통하는 부산물을 얻습니다.

안병욱 교수의 말을 들어보면 철학자들 역시 이런 성경의 진리를 제대로 이해하고 있습니다.

나는 행복에 관해 생각할 때마다 위대한 철학자 칸트의 말을 언제나 떠올린다. 칸트에 의하면 행복한 것도 물론 중요하지만, 그보다 더 중요한 것은 행복을 누리기에 합당한 사람이 되는 것이다. 행복을 직접 목적으로 삼지 말고 행복을 누릴 만한 자격이 있는 행동을 하고, 또 그러한 인간이 되라는 것이다.

놀랍게도 손양원 목사는 아직 평양신학교에 들어가기 전인, 불과 서른네 살 되던 1934년 1월 4일에 이 진리를 깊이 깨닫고 이렇게 기록했습니다.

행복하여지기를 원하면서도 의를 위하여 고난당하기를 꺼리는 자, 땀도 흘리지 않고, 눈물도 뿌리지 않고 피도 쏟지 않으면서도 많은 행복을 원하는 어리석은 이들이 많이 있다. 그런데 바로 내가 그 중 첫 번째가 아닌가 생각한다. 세상 사람이 체험치 못하는 진정한 부귀영화는 고난 역경에서 기쁜 찬송을 부르는 자가 아닌가?

("십자가 생활에 불충한 나를 위하여"에서, 1934년 1월 4일)

누가 복 있는 사람인가?

그렇다면 우리가 행복을 누리기에 합당한 사람이 되려면 어떤 삶의 방식을 추구해야 합니까?

> 복 있는 사람은 악인들의 꾀를 따르지 아니하며 죄인들의 길에 서지 아니하며 오만한 자들의 자리에 앉지 아니하고 오직 여호와의 율법을 즐거워하여 그의 율법을 주야로 묵상하는도다(시 1:1~2).

"오만한 자들"이란 히브리어 원문으로 "스스로 교만하여 다른 사람을 향해 빈정대거나 함부로 입을 놀리는 자들"을 뜻합니다. 그렇다면 복 있는 사람이란 악인의 사고방식을 따르지 않고, 죄인과 같은 행동을 반복하지 않으며, '타인을 무시하며 함부로 입을 놀리는 자들'과 함께 자리에 앉아 빈정대는 삶을 살지 않는 자라는 의미입니다. 한마디로 악을 떠나고 여호와를 경외하는 삶을 사는 자가 복 있는 사람입니다.

그렇다면 어떻게 해야 악을 떠나고 여호와를 경외할 수 있을까요? 결심만 잘하면 됩니까? 그렇지 않습니다. 선한 결심만으로는 악에서 떠날 수 없습니다. 그 비결은 2절에 나옵니다.

> 오직 여호와의 율법을 즐거워하여 그의 율법을 주야로 묵상하는도다(시 1:2).

여기서 여호와의 율법, 즉 '토라'는 모세오경만이 아니라 하나님의 말씀 전체를 가리킵니다. 자신에게 지혜가 없음을 깨닫고 겸손히 여호와의 말씀에 귀를 기울이며 그 말씀대로 살 때 비로소 악을 떠나 여호와를 경외하는 삶을 살 수 있습니다. 이런 사람이 바로 복 있는 사람이라는 것입니다.

그런데 우리는 이런 진리를 평소 자주 듣고 있어서 좀 순진한 이야기라고 여깁니다. 여호와의 율법을 즐거워하고 율법을 주야로 묵상하는 모습은 악인과 죄인과 오만한 자들이 득실거리는 현실 세계에서는 너무나 미약해 보이기 때문입니다.

이것은 어떤 점에서는 사실입니다. 본문에서 "복 있는 자"는 단수이지만, '악인들'과 '죄인들'과 '오만한 자들'은 복수로 나옵니다. 오늘날 주변을 보더라도 악인들과 죄인들과 오만한 자들이 득실거립니다. 악인들은 여럿이 모여 꾀를 내고 죄인들은 작당하여 몰려다니고 오만한 자들은 자리에 앉아 온갖 말로 남을 비방하며 함부로 입을 놀립니다. 그렇다면 현실 세상에서 우리도 이들과 같은 방법으로 모여서 꾀를 내고, 세력을 만들고, 함께 앉아 적들을 비방하면서 대항해야 하지 않을까요?

그런데 복 있는 사람은 이러기는커녕 그저 혼자 하나님의 율법을 즐거워하며, 그 율법을 주야로 묵상합니다. 겉으로 볼 때는 외롭기 한량없고 처량하기 그지없습니다. "그래 가지고 무슨 일을 제대로 할 수 있을까?"라는 생각이 듭니다. 마치 한 시인의 고백처럼 "내가 밤을 새우니 지붕 위의 외로운 참새 같으니이다"(시 102:7)라는 느낌이 듭니다. 홀로 하나님 말씀을 붙잡고 주야로 묵상하는 이 사람의 모습은 "지붕 위에 떨고 있는 처량한 참새"와 무엇이 다릅니까?

행복의 이유 1: 흔들리지 아니함

그럼에도 율법을 즐거워하며 주야로 묵상하는 이들을 '복 있는 사람'으로 시인이 선포하는 이유가 무엇입니까?

> 그는 시냇가에 심은 나무가 철을 따라 열매를 맺으며 그 잎사귀가 마르지 아니함 같으니 그가 하는 모든 일이 다 형통하리로다. 악인들은 그렇지 아니함이여 오직 바람에 나는 겨와 같도다(시 1:3~4).

1편의 핵심 이미지는 "시냇가에 심은 나무"와 "바람에 나는 겨"입니다. 두 이미지는 의인과 악인에 대한 강력한 대조를 보여줍니다. 첫째, 나무는 요동하지 않지만 겨는 바람에 날아갑니다. 의인의 안정성과 악인의 불안정성이 날카롭게 대조됩니다. 둘째, 나무는 철을 따라 열매를 맺어 다른 이들에게 유익을 주지만, 겨는 누구에게도 쓸모가 없는 무익한 존재입니다. 다시 말해 남에게 유익한 의인의 삶과 요란하기만 할 뿐 무익한 악인의 삶이 강하게 대조됩니다.

우선 악인들이 득실거리는 중에서도 홀로 여호와의 율법을 즐거워하는 사람에게 복이 있는 첫 번째 이유는 시냇가에 심은 나무처럼 어떤 고난 가운데서도 흔들리지 않기 때문입니다. 시편을 읽어보면 감사의 찬양보다 탄식의 애가가 훨씬 자주 등장합니다. 결국 복 있는 사람은 고난을 당하지 않는다는 것이 아니라 그런 고난 가운데서도 결코 흔들리지 않는다는 것이 시편의 가르침입니다. 하나님의 말씀만을 신뢰하기에 어떤 고난에서도 흔들리지 않는 나무 같은 존재가 결국 '복 있는 사람'입니다.

《구름기둥》에서 김영애 사모는 고난 가운데 말씀과 기도로 흔들리지 않는 나무처럼 버틸 수 있었던 이야기를 소개합니다. 2000년 가을 김영길 총장이 징역 4년을 구형받고 불구속기소 되었다는 소식을 접한 바로 다음 날, 모 금융회사에서 10억짜리 어음을 내일 돌리겠다는 통고를 해왔습니다. 남편의 4년 구형 소식보다 당장 10억을 해결하는 것이 급선무였기에 절망할 겨를도 없었습니다. 말씀을 붙들고 기도하며 주위에 알린 결과 미국의 지인에게서 반나절 만에 10억을 송금받아 문제를 해결할 수 있었습니다. 당시 상황을 김영애 사모님은 이렇게 간증합니다.

> 지금 생각해도 부도 직전의 위기를 막아주신 하나님의 방법은 기묘하고도 숨 가빴다. '와 우리 하나님은 참으로 살아계신 하나님이시다.' 지옥 같은 절망을 맛보다가 천국으로 올라온 기분이었다. … 그러나 인간의 마음은 얼마나 변덕스러운지 나는 하나

님께 서러운 투정을 부렸다. '하나님! 이렇게 주실 바에야 진즉 좀 주시지. 꼭 입이 바짝 타들어가고 피가 마르듯 애태운 뒤에야 주십니까?' 하나님은 이렇게 말씀하시는 것 같았다. '나는 너희에게 안 속는다. 진즉 주면 내가 한 일일 줄 너희가 알겠느냐? 나는 너희가 끝까지 나를 신뢰하는 것을 보기 원한단다.'
(김영애, 《구름기둥》, 94쪽, 두란노, 2014년)

하나님의 말씀을 붙잡고 기도하면 하나님께서는 어떤 고난 가운데서도 든든한 나무처럼 흔들리지 않도록 우리를 붙들어주십니다. 물론 심각한 고난을 만났을 때 하나님의 말씀을 붙잡고 기도하는 일은 결코 쉽지 않습니다.

제가 아는 분 중에는 새벽 2~3시에도 일어나 기도하는 목사 부부가 있습니다. 그 교회에서 사경회를 인도하던 중 "그렇게까지 새벽에 일찍 일어나 기도하는 이유가 무엇인가요?"라고 묻자 사모 분이 이렇게 대답합니다.

> 교회와 교우들의 문제를 놓고 기도하면 바로 들어주시는 것이 아니라, 숨이 꼴깍 넘어가기 직전에야 응답해주시니 어떻게 기도하지 않을 수 있겠습니까?

저는 지금도 그분의 말을 잊을 수 없습니다. 숨이 넘어가기 직전이 되어야 기도에 응답하시는 하나님이 야속하기도 하지만,

그때야 비로소 하나님의 살아계심을 체험할 수 있다는 말씀이 지금도 귓가에 생생하게 울립니다.

누구든지 고난 한복판에서 말씀을 붙잡고 기도하면 하나님의 살아계심을 체험할 수 있습니다. 우리가 하나님의 살아계심을 경험하려는 마음만 있다면, 비록 힘들기는 해도 그 어떤 고난도 복이 될 기회로 삼을 수 있습니다. 이런 마음가짐으로 어떤 고난 중에서도 여호와의 율법을 즐거워하며 그 율법을 주야로 묵상하고 기도한다면, 이 사람은 시냇가에 심은 나무처럼 절대 요동하지 않습니다. 이런 사람이야말로 "복 있는 사람"인 것입니다.

행복의 이유 2: 열매를 맺음

둘째로 율법을 즐거워하고 율법을 주야로 묵상하는 사람은 시냇가에 심은 나무처럼 "철을 따라 열매를 맺으며 … 그가 하는 모든 일이 다 형통"하기에 복 있는 사람입니다. 시냇가에 심긴 나무는 물을 지속해서 공급받기에 잎사귀가 마르지 않고 끝내는 철을 따라 열매를 맺으며 나무의 목적을 달성합니다.

따라서 '형통하다'는 말은 중간에 고난이 있느냐 없느냐의 문제가 아니라, 마침내 열매를 맺느냐 맺지 못하느냐의 관점에서 해석해야 합니다. 예수님이 십자가에 못 박히실 때만 놓고 보면 형통하지 못한 삶을 사신 것처럼 보입니다. 그러나 마침내 죽음을 이기시고 부활의 열매를 맺으셨기에 주님의 모든 사역은 형통하신 것입니다.

저는 전원주택에 살면서 비로소 나무가 열매를 맺는다는 것이 무슨 뜻인지 확실하게 이해하게 되었습니다. 3년 전에 제가 심은 복숭아나무가 이제 열매를 맺고, 아내가 봄에 텃밭에 심은 토마토와 호박은 두 달이 지나자 탐스러운 열매를 맺기 시작했습니다. 유실수는 3년이면 열매를 맺고, 토마토나 호박 같은 채소는 몇 달도 채 안 되어 열매를 맺는다는 사실을 실감했습니다.

게다가 나무는 자기를 위해 열매를 맺는 것이 아니라 주인과 남을 위해 맺는다는 사실을 절실하게 깨달았습니다. 아침에 일어나 텃밭에서 열매를 따오는 재미를 느끼면서 아내는 다시 아파트 생활로 돌아가지 못할 것 같다고도 말합니다.

시편 1편 기자는 악을 떠나고 여호와의 말씀을 신뢰하며 사는 사람은 시냇가에 심은 나무가 철을 따라 '열매를 맺기에' 복 있는 사람이라는 것입니다. 우리는 철을 따라 열매를 맺고 있습니까? 우리 주인이신 하나님과 이웃을 기쁘게 하는 열매를 맺고 있습니까? 고난 중에서도 하나님의 말씀만을 신뢰하며 악을 떠난 삶을 산다면 하나님과 이웃을 즐겁게 하는 열매를 철을 따라 맺게 되고, 이런 사람이 결국 복 있는 사람이라고 합니다.

이에 반해 악인들은 모여 의논하고, 작당하며 몰려다니고, 함께 앉아 남을 비방하고 함부로 입을 놀리면서 대단한 일을 하는 것처럼 보이지만 무가치한 존재들입니다. 끝내 심판의 바람이 불면 사방으로 날아가는 겨와 같은 허망한 죄인들입니다.

　알다시피 겨에는 뿌리가 없습니다(no root). 그러기에 그 어디에도 설 자리가 없습니다(no place). 따라서 바람이 불면 버틸 수가 없습니다(no stability). 게다가 알곡이 빠져나간 껍데기에 불과한 '겨'는 아무짝에도 쓸모가 없습니다(no worth). 그러기에 이런 이들은 끝내는 하나님의 심판이 임할 때 갑작스럽게 망하고 영원한 생명을 얻지 못합니다(no eternal life).

> 그러므로 악인들은 심판을 견디지 못하며 죄인들이 의인들의 모임에 들지 못하리로다. 무릇 의인들의 길은 여호와께서 인정하시나 악인들의 길은 망하리로다(시 1:5~6).

　행복하길 원합니까? 그러면 먼저 복 있는 사람이 되어야 합니다. 행복 자체를 추구하는 것이 아니라 행복보다 무한히 더 큰 가치 있는 일을 할 때 간접적으로 주어지는 부산물이 복입니다. 과연 우리는 지금 행복보다 무한히 더 큰 가치를 붙들고 살아가고 있습니까? 아니면 붙잡아두지도 못할 행복 자체를 추구하며 악인들의 꾀를 쫓고 죄인들의 길에 서며 입을 함부로 놀리는 자들과 함께 자리에 앉아 있습니까?

　지금 행복보다 더 큰 가치를 추구하다가, 하나님의 말씀대로 살려고 애쓰다가 고통과 시련을 당하고 있습니까? 그렇다면 이 고통과 시련이야말로 하나님의 살아계심을 경험할 수 있는 절호의 기회입니다.

말씀으로 승리한 경험이 평생 자산이다

종교개혁자 마르틴 루터는 "시련이 없는 것, 그것이 가장 큰 시련이다"라고 했습니다. 도대체 무슨 뜻입니까? 루터는 마귀의 시험을 받을 때 하나님만 신뢰함으로 승리해본 경험이 없이는 하나님의 살아계심을 알 수 없다고 보았습니다. 하나님 말씀을 붙잡고 마귀의 시련을 이겨 보아야 하나님 말씀이 "얼마나 바르고 진실하며, 얼마나 달콤하고 사랑스러우며, 얼마나 강력하며 위로가 가득한지" 알 수 있다는 것입니다. 이런 의미에서 루터는 사탄을 심지어 "신학 최고의 선생"이라고 불렀습니다.

고난과 시련을 통해 하나님의 살아계심을 경험하고 하나님 말씀의 신빙성을 맛볼 수 있다면 이렇게 노래할 수 있습니다.

> 주님 때때로 병들게 하심을 감사합니다.
> 이로 인해 인간의 연약함을 깨닫기 때문입니다.
> 가끔 고독의 수렁에 내던져주심도 감사합니다.
> 주님과 가까워지는 기회가 되기 때문입니다.
> 일이 안 되게 틀어주심도 감사합니다.
> 그래서 나의 교만을 반성할 수 있기 때문입니다.

아들딸 문제로 걱정도 하고, 부모와 동기가 짐으로
느껴질 때도 있게 하심을 감사합니다.
이로 인해 인간 된 보람을 깨닫기 때문입니다.
먹고사는 데 힘겹게 하심을 감사합니다.
눈물로 밥을 먹는 심정을 이해할 수 있기 때문입니다.
불의와 허세가 득세하는 시대에 태어난 것도 감사합니다.
하나님의 의가 분명히 드러나기 때문입니다.
땀과 고생의 잔을 맛보게 하심을 감사합니다.
주님의 사랑을 진실로 깨닫기 때문입니다.
주님, 이 모든 일로 감사할 마음 주심을 감사합니다.

(오몽근 목사)

이런 고백이 가능하려면 무엇을 해야 합니까? 시험당하고 고난을 겪을 때 말씀과 기도로 하나님께 나아가는 것 외에는 다른 방법이 없습니다. 비록 숨이 꼴깍 넘어가기 직전까지 기도가 응답되지 않는 것처럼 보이지만, 주야로 하나님 말씀을 붙잡고 기도의 무릎을 꿇는다면 하나님께서 우리를 어떤 고난 속에서도 시냇가의 심은 나무처럼 흔들리지 않게 하실 것입니다.

뿐만 아니라, 시냇가에 심은 나무처럼 철을 따라 하나님과 사람을 기쁘게 하는 열매를 맺게 하실 것입니다. 그리고 끝내 하나님께서는 우리가 가는 이 길을 의인의 길로 인정해주실 것이며 우리에게 영원한 생명을 선물로 주실 것입니다.

영생으로 인도하는 이 길을 가는 동안 우리가 하나님의 말씀만을 붙잡고 기도하며 나아간다면 하나님께서는 우리의 요새, 우리의 반석, 우리의 산성이 되어주실 것입니다. 우리 모두 이런 하나님 한 분만을 경외하며 악에서 떠나 평생 '복 있는 사람'이 되길 축복합니다.

07

깊은 데서 부르짖나이다

❁

1 여호와여 내가 깊은 곳에서 주께 부르짖었나이다 2 주여 내 소리를 들으시며 나의 부르짖는 소리에 귀를 기울이소서 3 여호와여 주께서 죄악을 지켜보실진대 주여 누가 서리이까 4 그러나 사유하심이 주께 있음은 주를 경외하게 하심이니이다 5 나 곧 내 영혼은 여호와를 기다리며 나는 주의 말씀을 바라는도다 6 파수꾼이 아침을 기다림보다 내 영혼이 주를 더 기다리나니 참으로 파수꾼이 아침을 기다림보다 더하도다 7 이스라엘아 여호와를 바랄지어다 여호와께서는 인자하심과 풍성한 속량이 있음이라 8 그가 이스라엘을 그의 모든 죄악에서 속량하시리로다

시편 130:1~8

떼 지어 사는 늑대는 전체의 안전을 해치는 외적을 물리치고 나면 반드시 서로 물어뜯고 공격하는 내분을 일으킨다고 합니다. 물론 사람도 동물인지라 예외는 아닙니다. 동물의 공격성을 연구하여 노벨상을 받은 콘라트 로렌츠(Konrad Lorenz, 1903~1989)는 인간에 대해서도 "추위나 짐승의 공격이나 굶주림을 극복하고 나면 그 순간부터 공존하는 이웃에 적의(敵意)를 품고 해하며 죽이고 또 자멸(자살)함으로써 도태작용을 계속한다"라고 했습니다.

오늘날 한국 사회도 이런 늑대들의 세계로 전락하고 있다는 생각을 지울 수 없습니다. 외부의 위협에서 점차 벗어나고, 경제적인 풍요도 웬만큼 확보하자, 서로가 조금이라도 더 이익을 취하고자 이웃에 적의를 품고 달려들면서 사회적 혼란이 커지고 있습니다. 물론 이런 혼란은 민주주의 성숙 과정에서 발생하는 불가피한 시간으로 보기도 합니다. 설령 그렇다 해도 한국 사회는 점차 "만인이 만인에 대해 늑대가 되는" 수준으로 전락하고 있음을 느낍니다. 특히 불경기가 지속할수록, 이런 생존 경쟁에서 어떤 일도 마다치 않는 짐승이 득실거리는 수준으로 전락할 수 있습니다.

그러나 지옥과 같은 나락에 떨어졌음에도 인간의 품격을 지킨 이들이 있었습니다. 우리는 이런 모습을 나치 치하에서 리투아니아의 두 번째로 큰 도시인 코브노에 살던 유대인들에게서 볼 수 있습니다. 코브노에 살던 4만 명의 유대인 중 90퍼센트 이상이 나치 치하에서 독일인이나 리투아니아 협력자의 손에 목숨을 잃을 만큼, 당시 유대인은 거의 지옥과 같은 삶을 살았습니다.

1942년 5월 어느 날 나치 병사들에게 "임신한 모든 유대 여자를 살해하라"는 명령이 떨어집니다. 코브노의 유대인 게토 지역을 순찰하던 한 나치 병사는 병원 옆을 지나는 한 임신한 유대 여인을 보고 근접 거리에서 총을 쏘았고 여인은 그 자리에서 즉사합니다. 지나가던 이들은 아기를 구하려고 이 죽은 여인의 시신을 즉시 병원으로 데리고 들어갔습니다. 산부인과 의사는 뱃속에 있는 아기가 산달이 가까웠기에 즉시 수술을 하면 아기는 생명을 구할 수도 있다고 말합니다. 그러나 죽은 몸을 존중하는 유대 율법이 과연 이런 수술을 허용할 것인가가 문제였습니다. 아기가 살지 못한다면 여인의 몸은 아무런 소득 없이 그저 난도질당한 결과가 되기 때문입니다.

이에 유대인들은 당시 코브노에 살던 랍비 에브라임 오쉬리(Ephraim Oshry)에게 질문을 던졌습니다. 랍비 오쉬리는 주저하지 않고 이렇게 답합니다.

생명을 구하는 것이 문제라면 시신을 더럽히는 것이 왜 큰 문제가 되겠소. 만일 죽은 어미가 다시 살아난다면, 아기를 구하려고 자기 몸을 더럽히는 것에 조금도 괘념치 말라고 할 것이오.

결국 랍비는 수술을 지시하였고, 아기는 무사히 태어납니다. 그런데 갑자기 독일 병사들이 병원으로 들어와서 죽은 여인의 아기가 살아 있는 것을 보고 화를 내면서, 아기의 머리를 병원 벽에 힘껏 내리쳐 죽이고 맙니다.

랍비 오쉬리는 나치 치하에서 유대인들이 자기에게 던졌던 수많은 가슴 아픈 질문과 사연을 종이쪽지에 짧게 적어 깡통 속에 숨겨 놓았습니다. 이것을 기초로 4권짜리 히브리어 책을 썼고, 1983년에 영어 축약본인 《홀로코스트, 인간에게 답하다》(*Responsa from the Holocaust*)를 출간합니다. 이 책에 나오는 질문은 눈물 없이는 읽을 수가 없습니다. 그러나 이보다 더 중요한 것은 그렇게 힘든 지옥 같은 상황에서 이들이 짐승 수준으로 전락하지 않고 오히려 믿음을 견고하게 하는 수준 높은 질문을 던졌다는 사실에 있습니다. 예를 들어보겠습니다.

1941년 10월, 존경받는 유대인 지도자가 와서 랍비 오쉬리에게 자살을 해도 되는지를 물었습니다. 아내와 자녀들이 나치에 잡혀갔으며, 그들이 처형될 날이 가까이 오고 있음을 알았기 때문이었습니다. 그는 나치가 자신을 강제로 끌고 가서 아내와 자녀들이 죽는 장면을 직접 보게 할까 봐 두려워한 것입니다. 가족의 죽음을 눈 뜨고 보는 일은 도저히 견딜 수 없기에, 랍비에게 그런 질문을 던집니다.

같은 달 말에 한 유대인 가장은 눈물을 머금고 오쉬리를 찾아옵니다. 자녀들이 굶어 죽기 직전이고 음식이 절실히 필요하다고 말합니다. 그런데 같은 아파트에 살던 이웃 가족이 모두 나치에게 살해당했고, 친척 중에는 살아남은 사람이 없다는 것이었습니다. 그는 이웃의 물건들을 팔아 음식을 사 먹어도 율법에 어긋나지 않느냐는 질문을 던집니다.

우리가 기대한 대로 랍비 오쉬리는 자살을 허락하지 않았고, 옆집의 재산은 취해도 된다고 허락합니다. 여기서 중요한 것은 랍비 오쉬리가 어떤 대답을 했느냐가 아닙니다. 그토록 힘든 지옥의 고통 가운데 있으면서도 유대인들이 율법을 지키기 위해 얼마나 애썼는지를 보여준 것입니다. 나치가 만든 지옥의 가장 밑바닥에 있으면서도, 코브노의 유대인들은 신앙을 포기하지 않았습니다. 유대인 말살 정책으로 견딜 수 없는 고통을 받으면서도, 유대인들은 율법을 생명보다 중히 여겼습니다.

하나님께서 유대인을 버리신 것이 아닌가 하는 느낌이 들 때도 하나님을 부인하길 거절하고 하나님과 그분의 율법을 지키려고 목숨 바친 유대인이 있었다는 사실이 놀라울 뿐입니다. 짐승보다 못한 취급을 당하고 있음에도, 나치가 파놓은 지옥의 가장 깊은 곳에서 고통하면서도 과연 그들은 무엇 때문에 짐승 수준으로 전락하지 않을 수 있었을까요?

인생이 깊은 곳에 처박혔을 때

우리는 시편 130편에서 답변의 일단을 찾아볼 수 있습니다. 이 시편은 교회 역사를 보더라도 사랑을 많이 받아온 시편입니다. 마틴 루터의 유명한 찬송 중 하나는 시편 130편에 곡을 붙인 것입니다. 초기 개혁자 중 한 명인 베자(Theodore Beza)는 시편 130편을 낭송하면서 세상을 떠났다고 합니다. 감리교 창시자인 존 웨슬리도 이 시편이 1738년 5월 24일 성 바울 성당에서 연주되는 것을 듣고 엠마오로 가는 두 제자처럼 마음이 뜨거워지는 것을 느끼고 회심했다고 알려져 있습니다.

시편 130편의 첫 단어 때문에 많은 학자는 고통 가운데서 하나님께 부르짖는 "애가"의 원형으로 간주합니다.

여호와여 내가 깊은 곳에서 주께 부르짖었나이다(시 130:1).

한글 성경은 "여호와여"가 먼저 나오지만, 원문에는 "깊은 곳에서"가 먼저 나오고 "여호와여"라는 호격은 가장 나중에 나옵니다. 그래서 원문의 순서대로 하면 이렇습니다.

깊은 곳에서, 내가 주께 부르짖었나이다. 여호와여.

결국 시편 130편의 첫 단어는 "깊은 곳에서"입니다. "깊은 곳에서"(Out of the depths)라고 번역된 첫 단어는 매우 중요합니다. 이 단어는 시 130편 전체를 한 단어로 요약하는 핵심 단어일 뿐 아니라, 하나님의 백성이라면 누구나 겪을 수 있는 보편적 체험을 보여주고 있습니다. 하나님의 백성은 누구나 인생을 살면서 깊은 곳에 빠지는 경험을 합니다. 시편의 첫 단어인 "깊은 곳"은 다른 모든 애가가 흘러나오는 원초적 자리와 원형적 조건을 상징적으로 드러냅니다.

그렇다면 "깊은 데"란 무엇을 뜻할까요? "깊은 곳에서"에 쓰인 히브리 단어는 '마아마킴'인데 구약 성경에 모두 5번 정도 사용되었습니다. 구약의 용례를 살펴보면 "깊은 물 속"이나 "깊은 웅덩이"를 가리킵니다. 깊은 곳에 빠지면, 그곳이 물이 많든, 함정 형태의 구덩이든 간에 혼자서는 빠져나올 수가 없습니다. 따라서 깊은 데는 흑암과 침묵과 고독의 장소입니다. 우선 깊은 곳은 빛이 없는 어둠과 흑암의 장소입니다. 도울 자가 아무도 없는 침묵과 고독의 장소이기도 합니다. 따라서 깊은 데 빠지면 자연스럽게 낙망과 좌절을 경험합니다. 그뿐만이 아닙니다. 고대 근동 아시아에서 무덤은 동굴이나 구덩이나 웅덩이 같은 함정 형태를 이루었는데, 그곳에 빠지면 살아 나오기 힘들었습니다. 그러기에 "깊은 곳"은 죽음의 장소를 가리키기도 합니다.

살다 보면 우리도 이런 현상을 경험합니다. 비록 환경적으로 깊은 데 빠지지 않았더라도 그리스도인은 종종 죄로 인해 깊은 곳을 경험하기 마련입니다. 자신의 죄를 깊이 인식하고 절망의 깊은 웅덩이에 빠져본 경험이 없는 사람이라면 진정한 의미에서 그리스도인이라고 하기 어렵습니다. 그런 점에서 "깊은 곳"은 그리스도인이 때때로 처하는 원형적 자리입니다.

그렇다면 이렇게 깊은 데 빠졌을 때 우리는 어떻게 해야 합니까? 깊은 수렁에 빠져 더 이상 나오지 못하게 되었을 때, 고독과 외로움과 죽음의 공포가 엄습해올 때 어떻게 해야 합니까? 시편 130편은 이럴 때 어찌해야 하는지를 알려줍니다.

탄식자의 정직한 절망에 귀를 기울이시는 하나님

깊은 곳에 떨어졌을 때 시편 기자는 여호와께 부르짖습니다.

> 깊은 곳에서 '내가 주께 부르짖었나이다' 여호와여.

애가는 "깊은 곳에서" 나오는 고통의 소리입니다. 그렇다고 해서 아무한테나 살려달라고 부르짖지는 않습니다. 마치 물에 빠진 사람이 지푸라기라도 잡듯이, 그저 듣는 사람이 누구든지 살려달라고 사방으로 외치는 마구잡이 외침은 아닙니다.

시편 기자는 비록 깊은 데 빠져서 고통스럽지만, 분명한 부르짖음의 대상이 있었습니다. "내가 주께 부르짖었나이다, 여호와여." 다른 사람이 아닌 여호와를 향해 부르짖고 있습니다. 깊은 곳에 빠져 부르짖는 고통의 소리를 듣고 구원해줄 사람이 아무도 없음을 느끼고 여호와를 향해 절규하는 것입니다.

결국 시편 기자는 우리가 깊은 곳에 빠졌을 때, 하나님께 나아와 부르짖으라고 가르칩니다. 문제없는 척, 경건한 척하지 말고 솔직하게 하나님께 나아와 고통을 쏟아놓으라는 것입니다. 현대의 그리스도인은 자기 삶이 잘못되었음을 잘 인정하지 않습니다. 형통함과 풍요 속에서만 하나님의 인도하심을 경험하려는 세속적 욕구 때문에 자기 삶에 문제가 있음을 인정하려 들지 않습니다. 심지어 문제가 생길수록 거짓 경건의 모습으로 문제를 덮으려는 모습도 보입니다. 따라서 문제를 들고 나아와 하나님께 치유를 받으려고 하지 않습니다.

그러나 그저 습관적으로 할렐루야를 외치면서 별문제 없는 듯 살아가는 자들의 찬양을 하나님은 듣지 않으십니다. 루터의 말대로 "하나님은 믿는 자의 할렐루야보다 불신자의 저주를 더 즐겁게 들으신다." 하나님은 거짓 경건으로 둘러싸인 위선의 말보다는 탄식자의 정직한 절망과 절규를 듣기 원하신다는 의미입니다.

이런 점에서 우리는 깊은 곳에 처했을 때 낙망하지 말고 하나님께 부르짖어야 합니다. 깊은 죄의식과 절망감만 느낀 채 하나님께 부르짖지 않는다면 어쩌면 우리 기도는 매우 피상적이고 얄팍할 것입니다. 그러기에 깊은 곳에서 하나님께 부르짖고 싶을 때는, 주변의 눈치를 볼 필요가 없습니다. 고통이 있을 때, 우리는 언제든지 하나님께 부르짖으면 됩니다. 이에 시편 기자는 여호와께 부르짖습니다.

> 주여 내 소리를 들으시며 나의 부르짖는 소리에 귀를 기울이소서(시 130:2).

그런데 문제가 있습니다. 깊은 물 속에서, 깊은 수렁에서 소리를 지르면 잘 들리지 않는 법입니다. 그렇다면 혹시 시편 기자는 깊은 곳에서 죽어가며 외치는 작은 간구가 하늘에 계신 여호와께 들리지 않을까 봐 간구하는 소리에 제발 "귀를 기울여달라"고 요청하는 것입니까? 그렇지 않습니다. 놀랍게도 시편 기자는 자신이 깊은 곳에서 부르짖는 간구를 여호와께서 들으시리라고 확신합니다.

> 깊은 곳에서 내가 주께 부르짖었나이다 여호와여.

자기 소리가 들리지 않을까 봐 목청을 돋우어 악을 쓰는 것이 아닙니다. 하나님이 깊은 데 함께 계시거나 적어도 그의 부르짖음을 들으실 만한 거리에 있다고 확신하고 노래합니다. 아무리 "깊은 곳"에 있더라도 여호와께 부르짖으면 그분이 들으신다는 이 같은 신앙은 어디에서 나오는 것일까요? 그것은 구약의 가장 중요한 사건 중 하나인 출애굽을 경험함으로써 나온 것입니다. 출애굽은 백성이 깊은 곳에서 여호와께 부르짖음으로써 촉발된 것으로 묘사됩니다.

> 여호와께서 이르시되 내가 애굽에 있는 내 백성의 고통을 분명히 보고 그들이 그들의 감독자로 말미암아 '부르짖음'을 듣고 그 근심을 알고 내가 내려가서 그들을 애굽인의 손에서 건져내고 그들을 그 땅에서 인도하여 아름답고 광대한 땅, 젖과 꿀이 흐르는 땅 곧 가나안 족속, 헷 족속, 아모리 족속, 브리스 족속, 히위 족속, 여부스 족속의 지방에 데려가려 하노라. 이제 가라. 이스라엘 자손의 '부르짖음'이 내게 달하고 애굽 사람이 그들을 괴롭히는 학대도 내가 보았으니 이제 내가 너를 바로에게 보내어 너에게 내 백성 이스라엘 자손을 애굽에서 인도하여내게 하리라(출 3:7~10).

이스라엘이 "깊은 곳"에서 부르짖는 소리를 듣고 이스라엘을 애굽에서 구원해내신 것이라는 고백은 출애굽과 관련해서 이스라엘 신앙의 핵심이었습니다. 여호와는 그저 하늘에서 부르짖는 소리를 듣고, 종들에게 이런저런 명령만 내리고는 다른 일에 몰두하시는 그런 분이 아닙니다. 하나님은 자기 백성의 부르짖음을 친히 다 들으시고 하늘에서 개입하시는 하나님이심을 출애굽을 통해 만방에 분명히 보이십니다.

깊은 곳에서 함께하신 하나님

더욱 놀라운 것은 이스라엘을 구해내기 위해 하나님이 그저 하늘에서 내려오신 것으로 그친 게 아니라는 사실입니다. 하나님께서는 홍해의 깊은 바다를 마른 땅이 되게 하시고, 그의 백성과 함께 그 사이를 행하신 분이셨습니다. 출애굽기에 보면 하나님께서 동풍으로 홍해 물을 가르고 이스라엘을 바다 가운데로 건너게 하신 것을 이렇게 묘사합니다.

> 모세가 바다 위로 손을 내밀매 여호와께서 큰 동풍이 밤새도록 바닷물을 물러가게 하시니 물이 갈라져 바다가 마른 땅이 된지라. 이스라엘 자손이 바다 가운데를 육지로 걸어가고 물은 그들의 좌우에 벽이 되니(출 14:21~22).

이사야 선지자는 이스라엘이 홍해 바다를 건넌 것을 바다 깊은 데 길을 내시고, 깊은 곳에서도 그의 백성과 함께하시는 하나님의 역사로 묘사합니다.

> 여호와의 팔이여 깨소서 깨소서. 능력을 베푸소서. 옛날 옛 시대에 깨신 것같이 하소서. 라합을 저미시고 용을 찌르신 이가 어찌 주가 아니시며 바다를, 넓고 깊은 물을 말리시고 바다 깊은 곳에 길을 내어 구속받은 자들을 건너게 하신 이가 어찌 주가 아니시

니이까(사 51:9~10).

이사야는 홍해 사건을 마치 여호와께서 바다 깊은 속에 사는 신화적 괴물인 라합과 용과 칼싸움을 하신 것으로 묘사합니다. 그러면서 홍해를 가르고 마른 땅으로 이스라엘 백성을 건너게 하신 것을 "바다 깊은 곳에 길을 내어 구속받은 자들을 건너게 하신" 일이라고 설명합니다. 여기서 바다 "깊은 곳"(마아마킴)이 시편 130편 1절의 "깊은 곳"과 같은 단어입니다.

하나님은 하늘 위에 계시면서 부르짖는 자들의 간구하는 소리에 어쩌다가 귀를 기울이는 분이 아닙니다. 백성의 부르짖는 소리를 듣고 하늘에서 친히 내려오시는 분입니다. 나아가, 백성과 더불어 깊은 곳을 함께 걷는 분입니다. 아니, 바다 깊은 곳에 길을 내어 그의 백성을 건너게 하시는 분입니다. 이런 점이 출애굽 사건을 통해 이스라엘 백성에게 분명히 나타났습니다. 이런 역사적 사건과 이에 대한 확신이 있기에 시편 기자는 "깊은 곳에서 내가 주께 부르짖었나이다"라고 외쳤던 것입니다.

용서하시는 인애의 하나님

그렇다면 도대체 이 여호와는 어떤 분이길래 자기 백성과 함께 깊은 곳을 함께 걸으십니까? 시편 기자는 여호와는 용서와 인애와 구원의 하나님이시기에 그런 일을 하신다고 고백합니다. 4절과 7절을 보면 하나님은 용서하시는 하나님, 인애를 베푸시는 하나님, 구원의 하나님이십니다.

> 4절: 사유하심이 주께 있나이다(there is forgiveness with you)
> 7상: 여호와께는 인자하심이 있고(with the Lord there is steadfast love)
> 7하: 그에게는 풍성한 속량이 있음이라(and with him is great power to redeem)

하나님께는 용서하심과 인자하심과 풍성한 속량이 있기에 시편 기자는 깊은 곳에 빠져서도 여호와께 부르짖을 수 있었습니다. 도대체 여호와의 용서와 인자하심이 어떤 것이길래 이스라엘 백성은 깊은 데 빠져 고통할 때도 그분을 의지하고 호소할 수 있었을까요? 우리는 출애굽기를 통해 여호와의 용서와 인자하심이 어떤 것인지를 조금은 알 수 있습니다. 이스라엘이 여호와를 배반하고 금 송아지를 만드는 대죄를 저질렀음에도 하나님께서는 이스라엘을 용서하시며 이렇게 말씀하십니다.

> 여호와께서 그의 앞으로 지나시며 선포하시되 여호와라 여호와라 자비롭고 은혜롭고 노하기를 더디하고 인자와 진실이 많은 하나님이라. 인자를 천대까지 베풀며 악과 과실과 죄를 용서하리라. 그러나 벌을 면제하지는 아니하고 아버지의 악행을 자손

삼사 대까지 보응하리라(출 34:6~7).

그렇다면 하나님은 용서가 헤픈 분입니까? 그저 자식이 아무리 잘못해도 다 받아주는 그런 분이십니까? 아닙니다. 시인은 여호와께서 너무나 거룩한 분임을 잘 알았습니다.

여호와여 주께서 죄악을 지켜보실진대 주여 누가 서리이까(시 130:3).

여호와께서 죄악을 살피기로 마음먹는다면 그 앞에 아무도 설 수 없음을 잘 알았습니다. 그러기에 시편 기자도 죄악을 감찰하시는 여호와 앞에 설 자신이 없었습니다. 그럼에도 여호와께 부르짖을 수 있는 것은 여호와는 용서의 하나님이시기 때문입니다.

그러나 사유하심이 주께 있음은 주를 경외하게 하심이니이다(시 130:4).

비록 죄로 인해 깊은 곳에 빠졌다 하더라도, 하나님의 용서하심은 이보다 더욱 깊기에 우리는 여호와 하나님의 용서하시는 은혜에 의지할 수 있습니다. 시내산에서 여호와를 섬기겠다고 고백하자마자 금송아지를 만들었던 이스라엘을 용서하신 여호와가 바로 이스라엘의 하나님입니다.

이에 시인은 자신의 죄를 회개합니다. 여호와께서 우리 죄를 살피신다면, 이 세상 누구도 그 앞에 설 수 없다는 고백 속에서 우리는 시편 기자의 깊은 통회의 심정을 엿볼 수 있습니다. 이렇게 통회하는 심정으로 죄를 고백하는 자에게 용서를 베푸시기에, 용서를 받은 자는 그 용서를 값싼 은혜로 받을 수가 없습니다. 자신의 큰 죄를 아무 대가 없이 용서하시기에 하나님을 경외하지 않을 수 없는 것입니다. 죄를 감찰하시면 아무도 그 앞에 설 수 없지만, 그럼에도 죄를 용서하시는 하나님의 사랑에 감복하여 하나님을 경외하지 않을 수 없습니다.

여호와를 기다리는 자가 해야 할 일

고통 가운데 여호와를 향해 부르짖던 시편 기자는 이제부터 희망을 노래합니다.

> 나 곧 내 영혼은 여호와를 기다리며 나는 주의 말씀을 바라는도다. 파수꾼이 아침을 기다림보다 내 영혼이 주를 더 기다리나니 참으로 파수꾼이 아침을 기다림보다 더하도다(시 130:5~6).

시인은 여호와를 기다리는 자신의 모습이 아침을 기다리는 파수꾼의 기다림과 같다고 고백합니다. 길고 긴 어두운 밤을 지내며 경계를 서느라 피곤한 파수꾼이 무엇보다 기다리는 것은 교대하여 휴식을 취할 수 있는 아침입니다. 깊은 데 암흑 속에서 여호와께 부르짖으며 절망하던 시인은 이제 여호와를 기다리고 있다고 선언합니다. 시편 기자는 그저 미래가 나아질 것이라고 막연히 희망하는 것이 아닙니다. 그는 자기 영혼이 여호와를 기다린다고 분명히 못 박습니다. 그저 시간이 지나면 괜찮아지겠지 하고 막연한 기대로 끝나지 않습니다.

그렇습니다. 그는 여호와를 기다렸습니다. 아직은 깊은 데 고통 중에 있지만, 깊은 곳에 함께 계시며 우리 부르짖음을 들으시고, 통회하는 자에게 용서를 베푸시는 하나님을 믿고 여호와를 기다리겠노라고 노래합니다. 특히 그는 주님의 말씀을 바랍니다. 여호와의 말씀을 듣고 읽고 묵상하며, 여호와의 말씀이 임하기를 기다린다고 노래합니다.

> 이스라엘아 여호와를 바랄지어다. 여호와께서는 인자하심과 풍성한 속량이 있음이라. 그가 이스라엘을 그의 모든 죄악에서 속량하시리로다(시 130:7~8).

한 걸음 더 나아가 이스라엘에게 여호와를 소망하라고 권면하는 모습에서 우리는 시인이 이제 절망에서 빠져나와 소망으로 나아가고 있음을 봅니다.

인생에서 깊은 곳을 지나는 당신에게

시편 130편에는 "성전에 올라가는 노래"라는 타이틀이 붙어 있습니다. 이스라엘에서 성전은 예루살렘에 있었는데, 예루살렘은 높은 산악 지대에, 그것도 산 정상 위에 있었습니다. 따라서 성전을 찾아가는 순례자들은 산과 골짜기를 많이 지나가야 했습니다. 깊은 골짜기를 지나면서 멀리 산 위에 있는 성전을 바라보며, 순례자들은 이 노래를 불렀습니다.

> 깊은 곳에서 내가 주께 부르짖었나이다 여호와여.

이것은 오늘날 우리도 마찬가지입니다. 저 멀리 하늘 예루살렘을 향해 순례하는 삶을 살다 보면 깊은 데를 지나가지 않을 수 없습니다. 개인뿐 아니라 신앙 공동체 전체가 깊은 곳에 빠질 때도 있습니다. 우리가 몸담은 민족과 국가가 깊은 데 빠질 때가 있습니다. 이렇게 "깊은 골짜기"를 지나며, 눈물과 한숨이 날 때 우리는 어떻게 해야 합니까? 우리는 깊은 곳에서 함께하시는 하나님의 인애를 의지하고 애가를 불러야 합니다. "깊은 곳에서 내가 주께 부르짖었나이다 여호와여."

아무리 깊은 곳에 빠져 있다 하더라도, 그 깊음이 하나님의 사랑을 끊을 수 없기 때문입니다. 바울은 로마서 8장에서 이렇게 말합니다.

> 우리가 알거니와 하나님을 사랑하는 자 곧 그의 뜻대로 부르심을 입은 자들에게는 모든 것이 합력하여 선을 이루느니라. … 그런즉 이 일에 대하여 우리가 무슨 말 하리요 만일 하나님이 우리를 위하시면 누가 우리를 대적하리요. … 누가 우리를 그리스도의 사랑에서 끊으리요 환난이나 곤고나 박해나 기근이나 적신이나 위험이나 칼이랴? … 그러나 이 모든 일에 우리를 사랑하시는 이로 말미암아 우리가 넉넉히 이기느니라. 내가 확신하노니 사망이나 생명이나 천사들이나 권세자들이나 현재 일이나 장래 일이나 능력이나 높음이나 '깊음'이나 다른 어떤 피조물이라도 우리를 우리 주 그리스도 예수 안에 있는 하나님의 사랑에서 끊을 수 없으리라(롬 8:28~39).

우리는 깊은 곳에 빠진 후에야, 하나님의 사랑이 얼마나 깊은 것인지를 알 수 있습니다. 깊음을 경험해 보지 못한 사람은 깊음에 관해 이야기할 때 무슨 이야기인지 모릅니다. 깊은 곳에 빠져 보아야, '깊음'이 그리스도 안에 나타난 하나님의 사랑에서 우리를 끊을 수 없음을 깨닫습니다. 깊은 데 빠져서 하나님께 부르짖어 본 자만이 하나님의 용서와 하나님의 사랑이 얼마나 깊은지를 압니다. 깊은 곳에 빠져 보지 않고는, 하나님의 깊은 것을 알 수가 없습니다. 그러기에 바울은 이렇게 말했습니다.

오직 하나님이 성령으로 이것을 우리에게 보이셨으니 성령은 모든 것 곧 하나님의 '깊은 것'까지도 통달하시느니라(고전 2:10).

깊은 곳에서 하나님께 부르짖어 본 사람만이 비로소 하나님의 깊은 것도 깨닫게 됩니다. 이렇게 깊은 데서 하나님 사랑의 깊이를 느낀 사람만이, 오늘날 우리 사회에서 깊은 데 빠져 있는 자들에게 하나님 사랑을 나눌 수 있습니다. 우리는 일상에 바쁜 나머지 그들이 깊은 데서 부르짖는 소리를 거의 듣지 못합니다.

비록 인생의 여정에서 깊은 곳에 빠져 있는 듯한 상태라고 할지라도, "사망이나 생명이나 천사들이나 권세자들이나 현재 일이나 장래 일이나 능력이나 높음이나 깊음이나 다른 어떤 피조물이라도 우리를 우리 주 그리스도 예수 안에 있는 하나님의 사랑에서 끊을 수 없으리라"는 확신 가운데서 환난이나 곤고나 핍박이나 기근이나 적신이나 위협이나 칼을 견뎌내는 우리가 되기를 기도합니다. 그리고 이 하나님의 사랑을 깨달은 자로서 깊은 데 빠져 신음하는 이웃을 돌아보며 복된 삶을 살아갑시다.

3부 – 영적 성숙을 위한 성장 질문

08
—
하나님 나라를
보는 눈이 있는가

1 천국은 마치 품꾼을 얻어 포도원에 들여보내려고 이른 아침에 나간 집 주인과 같으니 2 그가 하루 한 데나리온씩 품꾼들과 약속하여 포도원에 들여보내고 3 또 제삼시에 나가 보니 장터에 놀고 서 있는 사람들이 또 있는지라 4 그들에게 이르되 너희도 포도원에 들어가라 내가 너희에게 상당하게 주리라 하니 그들이 가고 5 제육시와 제구시에 또 나가 그와 같이 하고 6 제십일시에도 나가 보니 서 있는 사람들이 또 있는지라 이르되 너희는 어찌하여 종일토록 놀고 여기 서 있느냐 7 이르되 우리를 품꾼으로 쓰는 이가 없음이니이다 이르되 너희도 포도원에 들어가라 하니라 8 저물매 포도원 주인이 청지기에게 이르되 품꾼들을 불러 나중 온 자로부터 시작하여 먼저 온 자까지 삯을 주라 하니 9 제십일시에 온 자들이 와서 한 데나리온씩을 받거늘 10 먼저 온 자들이 와서 더 받을 줄 알았더니 그들도 한 데나리온씩 받은지라 11 받은 후 집 주인을 원망하여 이르되 12 나중 온 이 사람들은 한 시간밖에 일하지 아니하였거늘 그들을 종일 수고하며 더위를 견딘 우리와 같게 하였나이다 13 주인이 그 중의 한 사람에게 대답하여 이르되 친구여 내가 네게 잘못한 것이 없노라 네가 나와 한 데나리온의 약속을 하지 아니하였느냐 14 네 것이나 가지고 가라 나중 온 이 사람에게 너와 같이 주는 것이 내 뜻이니라 15 내 것을 가지고 내 뜻대로 할 것이 아니냐 내가 선하므로 네가 악하게 보느냐 16 이와 같이 나중 된 자로서 먼저 되고 먼저 된 자로서 나중 되리라

마태복음 20:1~16

예수님의 핵심 가르침을 요약하면 "회개하라. 천국이 가까이 왔느니라"입니다. 따라서 예수님의 지상 목표 역시 "잃어버린 양들이 회개하고 천국 백성이 되는 것"에 있습니다. 그러나 현대의 그리스도인 중에 상당수는 천국은 "죽은 후에나 가는 곳"이며, "시집 장가가는 일 없이 그저 늘 찬송만 하는 곳"이라고 막연하게 생각합니다. 소설가 마크 트웨인은 아예 이렇게 빈정댑니다.

> 정신이 제대로 박힌 사람에게는 천국은 지루한 곳이다. 듣기 좋은 노래도 한두 번이지, 매일 찬송가만 부르면 얼마나 재미없을까 상상해보라. 더욱이 섹스의 즐거움이 없는 천당이라면 공짜로 들어오라고 해도 사양하겠다.

마크 트웨인은 천국을 "죽은 후의 문제"로 생각할 뿐 실제로 그리스도 안에 이미 임한 천국에는 관심이 없는 그리스도인을 통렬하게 비난합니다. C. S. 루이스 역시 천국에 대한 무관심이 교회가 무기력해진 원인이라고 말합니다.

> 오늘날 그리스도인이 세상 속에서 이토록 무기력해진 것은 그들이 천국(내세)에 대해 더 이상 진지하게 생각하지 않기 때문이다. 천국을 지향하라. 그러면 당신은 세상을 덤으로 얻을 것이다. 하지만 만일 세상을 추구한다면 당신은 천국도 잃고 세상도 잃을 것이다.

이미 임한 하나님 나라의 성격

오늘 우리가 겪는 위기를 극복하는 길은 어디에 있습니까? 천국을 지향하며 하나님 나라와 그의 의를 먼저 구하는 것입니다. 이런 점에서 이 본문은 중요합니다. 이것은 하나님 나라의 비유일 뿐 아니라, 하나님의 의가 무엇인지 보여주고 있기 때문입니다. 한글 성경에는 '의'라는 단어가 나타나지 않지만, 원문에는 이와 연관된 단어가 두 번 나옵니다. 4절에 "상당하게 주리라"에서 '상당하게'는 '디카이오스'로서 '의롭게'라는 뜻입니다. 13절에 "잘못한 것이 없노라"는 '아디케오'로 "불의하지 않았다"는 의미입니다. '디카이오스', '아디케오' 발음만 보아도 '디케', 즉 '의'와 연관되어 있음을 알 수 있습니다. 법원 같은 곳에 저울과 칼을 들고 서 있는 정의의 여신이 '디케'입니다.

"하나님 나라와 그의 의"가 무엇인지를 보여주는 이 비유는 그동안은 주로 "하나님의 자비하심"에 관한 내용이라고 생각했습니다. 하지만 이렇게만 해석하면 본문의 깊은 의미를 다 파악할 수 없습니다. 다음과 같은 이유에서입니다.

첫째로, 주인의 자비하심이 목적이라면 먼저 일한 사람부터 1데나리온을 주어 보내 분란의 소지를 없애든지, 아니면 그들에게 임금을 더 주는 방식이 더 좋지 않았을까요? 1시간 일한 자에게 한 데나리온을 먼저 주어 기대를 잔뜩 갖게 했다가, 막판에 똑같이 1데나리온을 준 것은 자비하심은커녕 오히려 "희망 고문"으로 보일 수 있기 때문입니다.

둘째로, "[주인인 내가] 내 것을 가지고 내 뜻대로 할 것이 아니냐? 내가 선하므로 네가 악하게 보느냐?" 하는 말은 자비하심과 거리가 멀고, 심지어 언어폭력처럼 느껴집니다. 12시간 일한 사람과 1시간만 일한 사람을 다르게 취급해달라는 것은 일꾼들이 "각자의 공로에 따라 차등 있게 몫을 나누어야 한다"는 분배적 정의를 요구한 것입니다. 정의를 요구했는데 눈을 똑바로 뜨라고 몰아붙이는 것은 너무 심한 것 아닙니까?

셋째로, 이 비유는 "나중 된 자로서 먼저 되고 먼저 된 자로서 나중 되리라"는 결론까지 붙어 있어 예수님을 위해 많은 것을 포기한 그리스도인일수록 받아들이기 어려운 말씀입니다.

그렇다면 주님께서 이렇게 받아들이기 힘든 비유를 말씀하신 이유가 무엇입니까? 사실 예수님은 그리스도 안에서 이미 임한 천국은 과연 어떤 성격의 나라인지, 천국에서 '의'는 무엇인지, 천국에서 '선'과 '악'은 어떻게 규정되는지 가르치려고 이 비유를 주셨습니다. 주님의 말씀을 들으며 하나님 나라와 그의 의가 무엇인지 깨닫고 천국을 지향함으로 "천국도 얻고, 이 세상도 덤으로 얻는" 복된 시간이 되었으면 합니다.

출발은
사람에 대한 관심

1~2절에서 천국은 일꾼을 고용하려고 이른 아침, 지금으로 따지면 오전 6시에 장터로 나간 포도원 주인에 비유됩니다. 한 데나리온을 주기로 하고 일꾼을 고용하는 모습에는 이상한 점이 없지만, 3절부터 주인에게 특이한 점이 보입니다.

> 또 제삼 시에 나가 보니 장터에 놀고 서 있는 사람들이 또 있는지라. 그들에게 이르되 너희도 포도원에 들어가라 내가 너희에게 상당하게 주리라 하니 그들이 가고 제육 시와 제구 시에 또 나가 그와 같이 하고 제십일 시에도 나가 보니 서 있는 사람들이 또 있는지라. 이르되 너희는 어찌하여 종일토록 놀고 여기 서 있느냐? 이르되 우리를 품꾼으로 쓰는 이가 없음이니이다. 이르되 너희도 포도원에 들어가라 하니라(마 20:3~7).

포도원 주인이 오전 9시와 12시, 오후 3시와 5시에 계속 장터로 나간 이유는 무엇입니까? 일꾼이 부족해 채우려고 그런 것입니까? 아닙니다. 아직도 장터에 놀고 있는 한 사람, 한 사람에 대한 관심 때문이었습니다. 이것이 주인의 첫 번째 특징입니다.

그렇다면 이들은 왜 종일토록 놀고 있었을까요? 게을렀기 때문입니까? 아닙니다. 품꾼으로 써주는 사람이 없었기 때문입니다. 어쩌면 그들은 포도원에서 고용하길 꺼리는 부류였는지도 모릅니다. 그런데도 주인은 아무도 써주지 않은 품꾼들을 1시간밖에 남지 않았음에도 고용했습니다. 우리는 여기서 하나님 나라가 어떤 성격을 지녔는지 알 수 있습니다. 아직도 장터에서 놀고 있는 한 영혼에 관심을 둔 나라가 바로 하나님 나라입니다.

지난 2000년 동안 이 땅의 교회가 추구해온 궁극적인 관심은 무엇입니까? "한 영혼을 그리스도의 장성한 분량까지 자라게 하는 것"이 아니겠습니까? 이제 주님의 재림이 더 가까워져 어쩌면 1시간밖에 남지 않았는지도 모릅니다. 그런데 아직도 하나님 나라에 들어오지 못하고 장터에서 노는 자들이 있습니다. 이들에게 복음을 전하고, 제자 삼아 그리스도의 장성한 분량으로 자라게 하는 일이 어느 때보다 시급하지 않겠습니까?

한 영혼에 대한 관심보다 다른 것이 더 중요해지면 그 공동체는 하나님 나라를 경험할 수 없습니다. 그것이 꿈이나 이상같이 아름다운 것이라 할지라도 공동체를 해할 수 있음을 디트리히 본 회퍼는 이렇게 지적합니다.

그리스도인 공동체 자체보다 그리스도인 공동체에 대한 자신의 꿈을 더 사랑하는 사람은 비록 그들의 개인적 의도가 정말로 정직하고, 진실하고, 희생적이라 하더라도 끝내는 공동체를 파괴하는 사람들이 된다.

오늘 우리의 관심사는 어디에 있습니까? 한 영혼과 교회 공동체 자체입니까? 아니면 자신의 꿈과 비전을 이루기 위한 수단으로 공동체를 이용합니까?

포도원 주인은 단지 고용되지 못한 사람들, 한 영혼 한 영혼을 긍휼히 여겼을 뿐만 아니라, 이들에게 의로운 품삯을 주길 원하는 분이었습니다. "너희도 포도원에 들어가라. 내가 너희에게 상당하게 주리라"(20:4).

여기서 '상당하게'에 해당하는 헬라어 '디카이오스'는 앞서 살핀 대로 정의의 여신 '디케'와 어근이 같은 단어로 '의로운'이란 뜻입니다. 직역하면 "의로운 품삯"을 주겠다는 것입니다.

그렇다면 여기서 말하는 "의로운 품삯"이란 무엇일까요? 열두 시간 일할 사람이 일 데나리온을 받기로 했으니까, 다른 사람들은 일한 시간에 비례해서 2분의 1, 혹은 4분의 1, 12분의 1을 받는 것이 하나님의 의일까요? 혹시 아무런 합의 없이 "의롭게 주겠다"고 해놓고는 최소한의 품삯만 주려는 것은 아닐까요? 나중에 주인이 품삯을 줄 때 "천국의 의"가 무엇인지를 더 자세히 알아보도록 하겠습니다.

원망은
정당한 것인가

드디어 저녁이 되자, 포도원 주인이 청지기에게 나중에 온 자부터 먼저 품삯을 주라고 지시합니다. 나중에 온 자부터 주라고 할 때부터 뭔가 이상하다는 느낌이 듭니다. 그런데 놀랍게도 1시간 일한 사람에게 "한 데나리온"을 주는 것이었습니다. 이에 이전부터 와서 일한 사람들은 자신이 더 받을 줄 알았습니다.

그러나 엉뚱하게도 주인은 모든 품꾼에게 한 데나리온을 주었습니다. 심지어는 열두 배나 많은 시간을 일한 처음 온 일꾼들에게도 한 데나리온밖에 주지 않았습니다. 그럴 바에야 처음 온 사람들부터 차례대로 "한 데나리온"을 주어 먼저 집으로 보냈다면 어떤 분란도 없지 않았을까요? 이에 품꾼들이 주인에게 불평하기 시작합니다.

> 나중 온 이 사람들은 한 시간밖에 일하지 아니하였거늘 그들을 종일 수고하며 더위를 견딘 우리와 같게 하였나이다 (마 20:12).

이들은 늦게 온 사람들이 한 데나리온을 받아서는 안 된다고 불평하는 것이 아닙니다. "12시간 종일 수고하며 더위를 견딘 우리"와 "한 시간만 일한 사람들"을 어떻게 '똑같이' 대우할 수 있느냐는 것이 불평의 핵심입니다.

성경이 말하는 분배적 정의

이들의 주장은 '정의'에 근거하고 있습니다. 사람들은 일반적으로 "각자에게 자기 몫을 주는" 것을 정의(正義)라고 말합니다. 그러므로 분배적 정의야말로 인간의 삶을 지배하는 가장 중요한 일상 윤리입니다. 각자에게 자신의 몫을 제대로 분배하지 않으면 불평으로 공동체의 샬롬이 깨지기 때문에, 성경에서도 하나님은 분배적 정의를 요구하셨습니다. 성경에서 말하는 분배적 정의의 핵심 사례 몇 가지를 살펴보겠습니다.

(1) 사람의 생명과 재산은 보호되어야 한다(출 21:16, 29~32).
(2) 누구든지 노동의 대가를 받아야 한다. "품꾼의 삯을 아침까지 밤새도록 네게 두지 말며"(레 19:13).
(3) 누구든지 중상과 거짓된 고소로부터 보호받아야 한다. "너는 네 백성 중에 돌아다니며 사람을 비방하지 말며"(레 19:16).
(4) 누구든지 공정한 재판을 받을 권리가 보장되어야 한다. "너희는 재판할 때에 불의를 행하지 말며 가난한 자의 편을 들지 말며 세력 있는 자라고 두둔하지 말고 공의로 사람을 재판할지며"(레 19:15).
(5) 공동체 안에 하나님이 주신 권위는 존중해야 한다. 부모를 경외하고 다툼이 있을 때는 성읍 장로나 재판장이나 제사장에게 나아갈 수 있다.

(6) 죄에 대한 벌은 인간성을 박탈할 만큼 과해서는 안 된다. 태형이 합당하면 죄에 따라 매수를 정하되 40대를 넘겨서는 안 된다(참조. 신 25:1~3).

(7) 장애자나 연약한 자가 억압받거나 착취당해서는 안 된다(레 19:14, 18).

(8) 보복의 형벌은 지은 죄의 정도를 초과해서는 안 된다. "생명은 생명으로, 눈은 눈으로, 이는 이로, 손은 손으로, … 때린 것은 때림으로 갚을지니라"(출 21:23~25). 눈을 상하게 했는데 목을 베어서는 안 된다.

하나님께서 분배적 정의를 요구하신 이유가 무엇입니까? 모든 인간은 하나님의 형상으로 지음받았기에, 누구든지 각자의 존엄성과 가치를 보존할 수 있도록 자기 몫을 보호받아야 한다는 것입니다. 따라서 먼저 온 품꾼들이 일한 시간에 비례해 자기 몫을 달라고 요구한 것은 정의롭다고 할 수 있습니다.

분배적 정의에도
모자람이 없는 하나님의 의

그러나 포도원 주인은 분배적 정의를 외치는 품꾼들의 요구에 예상 밖의 돌직구를 날립니다.

> 주인이 그중의 한 사람에게 대답하여 이르되 친구여 내가 네게 잘못한 것이 없노라. 네가 나와 한 데나리온의 약속을 하지 아니하였느냐? 네 것이나 가지고 가라. 나중 온 이 사람에게 너와 같이 주는 것이 내 뜻이니라. 내 것을 가지고 내 뜻대로 할 것이 아니냐? 내가 선하므로 네가 악하게 보느냐?(마 20:13~15)

"내가 네게 잘못한 것이 없노라"에서 '잘못하다'로 번역한 헬라어 '아디케오'는 "의를 행하다"라는 의미의 동사 '디케오'에 부정 접두사 '아'가 붙은 것으로 "불의를 행하다"입니다. 직역하면 "내가 네게 불의를 행하지 않았노라"입니다. 주인은 합의한 대로 1데나리온을 주었기에 "불의하게 행하지" 않았다는 것입니다.

그렇습니다. 네 것과 내 것을 분명히 구분하고, 그에 따라 몫을 나누는 것이 분배적 정의라면, 포도원 주인은 결코 불의한 사람이 아닙니다. 처음에 온 사람에게 1데나리온을 주기로 합의했다면 이 사람의 몫은 1데나리온입니다. 나머지는 모두 포도원 주인의 것입니다. 포도원 주인이 자기 것을 가지고 무엇을 하든 다른 사람이 왈가왈부할 일이 아닙니다.

이런 점에서 하나님 나라는 결코 분배적 정의를 무시하지 않습니다. 그러므로 교회와 하나님의 백성은 정의로와야 합니다. 하나님의 백성은 다른 사람 몫을 함부로 침범해서는 안 됩니다. 세상에 나가 일을 시키고 품삯을 주지 않는 불의를 저질러서는 결코 안 됩니다. 잘못했을 때도 공동체 안의 성문법과 관습법을 따라 정당하게 재판받을 권리가 존중되어야 합니다. 교회 안에서는 서로 의견이 상치되더라도 상대방의 인격과 명예를 손상하지 않도록 조심해야 하며, 사용하는 언어에 품위가 있어야 합니다. SNS나 인터넷에 글을 쓸 때는 막말을 해선 안 되며 그리스도인답게 글에는 품격이 있어야 합니다. 이런 점에서 우리 삶에는 말과 행동에서 정의가 강물처럼 흘러야 합니다.

그렇지만 하나님의 의는 이런 분배적 정의에 머무르지 않습니다. 주인이 누구에게나 1데나리온을 준 것은, "분배적 정의"를 뛰어넘는 하나님의 의가 무엇인지를 잘 보여줍니다.

포도원 주인이 모두에게 1데나리온을 준 이유가 무엇입니까? 그래야 모든 품꾼이 인간으로서 존엄과 가치를 누리며 살아갈 수 있기 때문입니다. 1데나리온은 한 가족이 2일 정도 살아갈 수 있는 생계비라는 주장도 있고, 실제로 일할 수 있는 날이 많지 않았기에 3~4일 정도의 생계비로 보기도 합니다. 어찌 됐든 하루 1데나리온은 일용 노동자의 가족이 존엄과 가치를 훼손당하지 않고 살 수 있는 적절한 임금이었습니다. 당시 로마 군인도 하루에 1데나리온을 받았습니다.

1데나리온은 있어야 부모도 공양하고, 자녀도 양육하면서 인간으로서의 존엄과 가치를 누릴 수 있었기 때문에, 심지어 1시간밖에 일하지 않았어도 포도원 주인은 1데나리온을 준 것입니다. 이렇게 하나님 나라의 의는 세상의 분배적 정의와는 비교도 안 될 정도로 인간의 존엄과 가치를 존중합니다.

그렇다면 하나님의 의는 어디에서 나오는 것입니까? 하나님의 선하심에서 나옵니다. 우리 하나님은 고용해주는 사람이 없어 온종일 노는 자들을 불쌍히 여기시고 불러들여 하나님 나라에서 일하도록 기회를 주시는 분입니다. 하나님은 심지어 1시간만 일한 사람에게도 1데나리온을 주어 인간다운 삶을 살게 하시는 선한 분이십니다.

눈이 문제다

그런데 먼저 온 품꾼들은 이런 하나님의 선하심을 받아들일 수 없었습니다. 그 이유가 무엇일까요?

> 내가 선하므로 네가 악하게 보느냐?(마 20:15)

직역하면 "내가 선하므로 네 눈이 악하냐"입니다. 포도원 주인의 말은 정말 충격적입니다. 품꾼들은 그저 분배적 정의를 요구한 것뿐인데, 졸지에 하나님의 선하심을 받아들이지 못하는 악한 눈의 소유자가 되었습니다. 이 비유는 하나님 나라에서는 분배적 정의를 요구하는 일이 자칫하면 악이 될 수 있음을 적나라하게 폭로합니다. 공평한 기회를 주고, 공로에 따라 몫을 차등으로 나누는 배분적 정의는 자칫하면 비인간적이 될 수 있기 때문입니다. 일하지 못한 이유를 살피지 않고, 그저 일을 조금만 했다는 이유로 최저 임금을 주는 것은 겉으로는 분배적 정의에 합당할지 모르지만, 실상은 악이 될 수 있습니다.

우리는 곰곰이 자문해야 합니다. "나는 나보다 일을 적게 한 사람에게 필요한 최소한의 인간적 존엄과 권리보다 내가 분배받을 몫에 관심이 더 큰가? 그래서 나보다 일을 더 적게 한 것 같은데 나와 같은 삯을 받으면 화가 나는가?" 다른 사람에 대한 관심보다 자기 몫에 더 민감하다면 우리는 악한 눈의 소유자일 가능성이 큽니다.

솔직히 보통 사람이라면 "나보다 늦게 들어온 사람이, 그것도 1시간밖에 일하지 않은 사람이 12시간 일한 나와 동일한 품삯을 받는 것"을 도저히 눈뜨고 받아들이지 못합니다. 하지만 이렇게 되면 '우리 눈'은 악해질 수밖에 없습니다. 만일 우리의 눈이 악해지면 무슨 일이 생길까요?

> 눈은 몸의 등불이니 그러므로 네 눈이 성하면 온몸이 밝을 것이요 눈이 나쁘면[직역하면 "눈이 악하면"] 온몸이 어두울 것이니 그러므로 네게 있는 빛이 어두우면 그 어둠이 얼마나 더하겠느냐(마 6:22~23).

우리 눈이 악해지면 온몸이 어두워집니다. 그리고 끝내는 누구에게나 1데나리온을 주시는 하나님의 선하심도 받아들일 수 없게 됩니다. 그러기에 21세기의 위대한 철학자인 자크 데리다는 인간에게 "보는 눈"이 있는 한 시기와 탐욕과 폭력을 피할 수 없고, 인간의 역사는 파국으로 치달을 수밖에 없다고 했습니다.

"오늘 우리는 무엇에 더 끌립니까? 나의 몫입니까? 아니면 하나님의 선하심입니까?" 만일 하나님의 선하심보다 내 몫에 대한 관심이 더 크다면, 우리는 악한 눈의 소유자일 수도 있습니다. 그리고 이 악한 눈으로부터 구원받지 못한다면 인간 역사는 파국으로 치달을 수밖에 없고, 공동체는 파멸로 끝날 것입니다.

눈의 본질을 회복하는 시간

그렇다면 이 눈으로 도대체 어떻게 해야 합니까? 눈의 본질을 회복해야 합니다. 자크 데리다는 말합니다.

"눈의 본질은 보는 것이 아니다. 눈의 본질은 눈물이다."

그렇습니다. 눈뜨고 살아가야만 하는 우리 눈을 악한 눈으로 바뀌지 않게 하는 유일한 방법은 눈의 본질을 회복하는 것입니다. 눈물 어린 눈으로 나와 가정과 교회와 이웃과 열방을 바라보는 것입니다. 눈물 없는 눈은 시기와 탐욕과 폭력을 수반할 수밖에 없기 때문입니다. 눈물 없는 눈은 하나님의 선하심조차 받아들이지 못하는 악한 눈이 된다는 사실을 우리는 이미 비유에서 확인했습니다.

신혼 때의 일입니다. 만난 지 3개월 만에 결혼했기에 저는 아내가 어떤 사람인지 잘 몰랐습니다. 어느 날은 마루에서 공부하고 있는데 안방에서 갑자기 서럽게 우는 소리가 들렸습니다. 혼자 방에 있는데 큰 소리로 서럽게 우는 것은 심각한 일 아닙니까? 놀라서 방 안으로 뛰어들어가며, 방문을 열자 TV에서 만화의 끝 장면과 함께 주제가가 흘러나오고 있었습니다. "외로워도 슬퍼도 나는 안 울어. 참고 참고 또 참지 울긴 왜 울어."

외롭고 슬픈 들장미 소녀 캔디도 안 우는데, 아내는 저토록 서럽게 우는 것인지 도저히 이해가 되지 않았습니다. 나중에 알았지만, 아내는 눈물이 많은 여자였습니다. 조금만 서러워도 울고, 심지어 사돈의 팔촌도 아니고 전혀 모르는 저의 제자 결혼식에 따라 왔다가도 웁니다. 그런 점에서 눈물이 많은 아내는 삶을 보는 태도가 비교적 따뜻합니다.

이에 반해 저는 웬만해서는 울지 않습니다. 아내는 제가 '냉혈인간'이라고 하지만, 이런 저에게도 눈물이 있습니다. 저는 중학교 때 수영을 하다 중이염에 걸렸으나 돈이 없어 병원에 가지 못해 오른쪽 청력을 잃을 수밖에 없었습니다. 그렇다고 식구들이 노력을 안 한 것은 아니었습니다. 언젠가 할머니는 어딘가에서 적십자병원 무료 진찰권을 얻어 오셨습니다. 제가 창피해서 가지 않으려고 하자, 어떻게 해서 얻어 온 진찰권인데 안 가냐고 하면서 가슴을 치며 "내가 죽어야 해", "내가 너무 오래 살았어"라고 하시는 바람에, 몇 번 적십자병원을 다녔습니다.

무작정 기다리다가 손님이 뜸해지면 진찰실로 불러 치료를 하던 의사 선생님은 몇 번 진료 후에 뜬금없이 다음부터는 오지 말라고 이야기했습니다. 얼마나 병이 진행되었는지, 그냥 놔두면 얼마나 위험한지 등등에 대한 설명은 없이 그저 이 병은 통원 치료로는 나을 수 없으니까 오지 말라는 말 한마디뿐이었습니다.

오죽 가난했으면 무료 진찰권을 갖고 왔을까 하는 생각은 전혀 하지 않는 의사 선생님 앞에서 저는 병이 얼마나 심각한지, 그냥 놔두면 어떻게 되는지 질문조차 하지 못했습니다. 그리고 수년 동안 기도원과 산 기도를 전전하며 병 낫기를 위해 눈물로 기도했지만, 신유의 기적은 끝내 일어나지 않았습니다. 9년이 지나고 영어 번역을 해서 생긴 돈으로 세브란스 병원을 찾았을 때는 이미 청신경을 모두 잃은 상태였습니다.

어찌 됐든 의사 선생님의 말을 듣고 집에 도착할 때까지 저는 한없이 울었습니다. 당시 흘린 눈물과 산 기도를 다니며 흘렸던 눈물은 그 후에 세상을 보는 저의 태도와 관점을 많이 바꾸어놓았습니다. 가난하여 병원에 갈 수조차 없는 사람이 있다는 사실, 의사의 관심 어린 말 한마디가 없으면 평생 청력을 상실할 수도 있다는 사실, 세상은 한 영혼보다는 자기 몫에만 관심이 있는 정말 비정한 곳이라는 사실, 심지어는 적십자병원조차 매정한 곳일 수 있다는 사실을 온몸으로 경험했습니다.

위로 흐르는 눈물

저는 살면서 눈물을 흘릴 때마다 사람들이 왜 "눈물이 없는 사람의 영혼에는 무지개도 없다"라고 말했는지 깨달았습니다. 어디 영혼만 그렇습니까? 하나님 나라도 마찬가지입니다. 함석헌 선생은 《뜻으로 본 한국 역사》에서 "눈에 눈물이 어리면, 그 렌즈를 통해 하늘나라가 보인다"라고 했습니다.

우리는 공적인 예배에서, 순 모임에서 심령이 가난한 자가 되어 하나님의 말씀을 사모하고 있습니까? 그렇다면 희망이 있습니다. 심령이 가난한 자는 천국이 그들의 것이기 때문입니다.

우리는 기도할 때에 자신과 공동체의 죄와 허물로 애통의 눈물을 흘리고 있습니까? 그렇다면 희망이 있습니다. 애통하는 자는 복이 있나니 그들이 위로를 받을 것이기 때문입니다.

우리에게는 교회를 너무 사랑하기 때문에 하고 싶은 말도 애써 삼키며 말없이 흘리는 눈물이 있습니까? 그렇다면 희망이 있습니다. 온유한 자는 복이 있나니 그들이 땅을 기업으로 받을 것이기 때문입니다.

다른 사람의 존엄과 가치보다 나에게 떨어질 몫에 주로 관심을 보이는 바리새인 같은 모습에 비통해하는 애통의 눈물이 있습니까? 그렇다면 희망이 있습니다. 의에 주리고 목마른 자는 복이 있나니 그들이 배부를 것이기 때문입니다.

아무도 고용해주는 사람이 없어 온종일 놀고 있는 사람들을 불쌍히 여기며 흘리는 긍휼의 눈물이 있습니까? 그렇다면 희망이 있습니다. 긍휼히 여기는 자는 복이 있나니 그들이 긍휼히 여김을 받을 것이기 때문입니다.

우리 인생에서 자기 것이라고 할 만한 것이 과연 무엇이 있습니까? 모든 게 전부 주님의 것 아닙니까? 하나님 나라에 들어와 일하도록 부르신 것만도 은혜요, 1데나리온만 주시더라도 은혜 아닙니까? 다른 사람과 비교하지 않고, 그저 이 은혜만으로도 감격하여 하나님 앞에 서기만 하면 주체할 수 없이 흘러나오는 감사의 눈물이 있습니까? 그렇다면 희망이 있습니다. 마음이 청결한 자는 복이 있나니 그들이 하나님을 볼 것이기 때문입니다. 감사의 눈물이 악한 눈에서 우리를 구원할 것이기 때문입니다.

내 편 네 편을 구분하지 않고 화평케 하려다가 비난을 받으며 흘리는 눈물이 있습니까? 그렇다면 희망이 있습니다. 화평케 하는 자는 복이 있나니 그들이 하나님의 아들이라 일컬음을 받게 될 것이기 때문입니다.

하나님의 의를 먼저 구하려다 핍박을 받으며 흘리는 고난의 눈물이 있습니까? 그렇다면 희망이 있습니다. 의를 위하여 박해를 받은 자는 복이 있나니 천국이 그들의 것이기 때문입니다.

정의와 사랑은 둘 다 포기할 수 없는 가치입니다. 정의 없는 사랑이 맹목적인 감상에 빠질 수 있듯, 사랑 없는 정의는 불의로 빠질 수 있습니다. 따라서 우리는 정의와 사랑을 동시에 추구해야 합니다.

정의의 요구를
사랑의 정신으로 실천해야

그러나 이 일은 너무 힘듭니다. 사랑의 언어는 감정과 정서의 언어이지만, 정의의 언어는 논리와 이성의 언어이기 때문입니다. 사랑은 주장하지 않지만, 정의는 요구하고 주장하기 때문입니다. 사랑은 감싸주지만, 정의는 들춰내기 때문에 사랑과 정의를 함께 추구하는 일이 그렇게 어려운 것입니다.

정의는 "눈에는 눈, 이에는 이"라는 상호성의 논리를 따르지만, 사랑은 "비록 원수임에도 불구하고"라는 넘침의 논리를 따릅니다. 때로는 기준이 모호하기 때문에 무엇이 정의인지 무엇이 사랑인지 혼란스럽기까지 합니다. 따라서 대부분 사람은 정의와 사랑 중 하나를 택합니다. 사랑에는 눈감고 정의만 이야기하거나, 아니면 정의에는 눈감고 사랑만을 말합니다.

하지만 자기가 원하는 한 가지만 이야기해서는 결코 하나님 나라를 경험할 수 없습니다. 때로는 눈을 뜨고 다른 사람 것과 내 것을 분명히 구분하며 정의를 외쳐야 합니다. 그러나 눈물 없는 눈으로 내 것과 네 것을 구분하는 정의만으로는 결코 하나님의 선하심을 받아들일 수 없기에 하나님의 선하심 위에서 이루어지는 하나님 나라 역시 경험할 수 없습니다. 사도행전은 궁극적으로 내 것과 네 것을 구분하지 않을 때야 비로소 하나님 나라가 이루어진다고 선포하기 때문입니다.

> 믿는 무리가 한 마음과 한 뜻이 되어 모든 물건을 서로 통용하고 자기 재물을 조금이라도 자기 것이라 하는 이가 하나도 없더라 (행 4:32).

항상 "내 것과 네 것"을 나누는 정의는 "내 것과 네 것을 묻지 않는 사랑" 없이는 하나님 나라를 이룰 수 없다고 선포하는 것입니다. 정의가 사랑이라는 궁극적 가치로 견인될 때 비로소 진정한 샬롬의 왕국이 이 땅에 임함을 사도행전은 우리에게 분명하게 보여줍니다.

그렇다면 어떻게 해야 "내 것이냐 네 것이냐를 묻지 않는 사랑"이 가능할까요? 사도행전은 우리에게 그 해답을 보여줍니다.

> 빌기를 다하매 모인 곳이 진동하더니 무리가 다 성령이 충만하여 담대히 하나님의 말씀을 전하니라. … 사도들이 큰 권능으로 주 예수의 부활을 증언하니 무리가 큰 은혜를 받아 그중에 가난한 사람이 없으니 이는 밭과 집 있는 자는 팔아 그 판 것의 값을 가져다가 사도들의 발 앞에 두매 그들이 각 사람의 필요를 따라 나누어 줌이라(행 4:31~35).

초대 교회처럼 하나님의 말씀을 사모하고 눈물로 기도하며 성령 충만을 받는 길만이 우리가 봉착한 위기를 극복하는 유일한 비결입니다. 이런 때일수록 모이기를 힘써야 합니다. 모여서 하나님 말씀을 듣고 성령의 충만과 은사를 갈망하며 열정적으로 기도에 힘써야 합니다.

성령의 충만함을 받을 때 비로소 인간은 나의 몫보다는 타인의 영혼에 더 관심이 가고 나의 이익보다는 하나님의 선하심에 더 관심을 가질 수 있습니다. 성령의 감동으로 눈물을 흘릴 때 비로소 우리는 악한 눈에서 구원받게 됩니다.

우리 인생길에 예기치 않은 어려움과 위기가 다가올 때 우리가 할 수 있는 일은 주님만을 섬기며, 주님의 통치를 받고 천국을 지향하며 사는 것입니다. 이렇게 우리 모두 마음에 주님만 모시고 살면서 천국을 지향함으로 천국도 얻고 이 세상도 덤으로 얻는 복된 하나님의 백성으로 살아갑시다.

09

원수 사랑, 가능한가?

17 아무에게도 악을 악으로 갚지 말고 모든 사람 앞에서 선한 일을 도모하라 18 할 수 있거든 너희로서는 모든 사람과 더불어 화목하라 19 내 사랑하는 자들아 너희가 친히 원수를 갚지 말고 하나님의 진노하심에 맡기라 기록되었으되 원수 갚는 것이 내게 있으니 내가 갚으리라고 주께서 말씀하시니라 20 네 원수가 주리거든 먹이고 목마르거든 마시게 하라 그리함으로 네가 숯불을 그 머리에 쌓아 놓으리라 21 악에게 지지 말고 선으로 악을 이기라

로마서 12:17~21

어느 교회에서 목사님이 설교 중에 "여러분 중에 미워하는 사람이 하나도 없는 분은 손들어보세요"라고 물었습니다. 아무 반응이 없자 다시 "아무도 없습니까? 한번 손들어 보세요"라고 하자, 저 뒤에서 할아버지 한 분이 손을 들었습니다. 목사님은 감격스럽게 "어르신, 어떻게 하면 그럴 수 있는지 우리에게 말씀해주세요!"라고 부탁했습니다. 그러자 그분은 힘없는 목소리로 이렇게 말했습니다.

"응, … 있었는…데, … 다… 죽었어!"

소설가 이문열은 《사람의 아들》이라는 소설에서 기독교 신자들이 "신의 아들"이 되길 원하는 모습을 비판하면서 차라리 "사람의 아들"이 되라고 말합니다. 천당과 영원을 약속하는 기독교의 비현실성을 지적하면서, 신의 아들이 되어 추상적인 종교적 진리를 실현하려 하기보다는 사람의 아들이 되어 사회 정의 실현에 더욱 열중해야 한다는 것입니다. 등장인물을 통해 그의 말을 들어봅시다.

당신은 우리를 향해 … 보복하지 말라 하셨으며, 원수를 사랑하라 하셨소. 오른뺨을 치거든 왼뺨마저 내놓으라 하셨소. 진실로 묻거니와, 도대체 당신은 그 모든 가르침의 실천이 우리 인간에게 가능하다고 믿으시오? … 자신 있게 단언하지만, 여인의 몸을 빌려 태어난 자에 중 그 가르침을 실천할 수 있는 이는 오직 당신뿐일 것이오. … 대부분의 인간에게 그 교훈은 오직 감당할 수 없는 영혼의 짐, 영원히 헤어날 길 없는 죄책감과 절망의 원인이 될 따름이오.

"보복하지 말라", "원수를 사랑하라"는 예수의 가르침이 우리에게 자칫하면 "영원히 헤어날 길 없는 죄책감과 절망의 원인"이 될 수 있다는 지적만큼은 주목할 필요가 있습니다.

보복은 꿀보다 달다

눈을 감으면 코도 베어간다는 세상에서 원수에게 복수하지 말고, 오히려 원수를 사랑하라니 너무나 비현실적으로 들립니다. "보복은 꿀보다 달다"는 화란 속담도 있습니다. 큰 문제를 일으키지 않는 정도라면 보복하는 것이 인간적으로는 더 기분이 좋을 수도 있습니다.

대략 15년 전, 인천에서 있었던 일입니다. 한 교회의 고난 주간에 4일간 제가 사경회를 인도하고 있었습니다. 수요일쯤 저녁에 담임 목사님과 저, 권사님과 여전도사님 넷이 식당에서 식사를 마치고 나왔습니다. 담임 목사님이 차를 빼는 사이에 저희 셋은 차를 두 대 댈 수 있는 주차 공간 한쪽에서 이야기를 하고 있었습니다. 그런데 차 한 대가 들어오더니 제 옆의 주차 공간에 차를 대려고 앞뒤로 몇 번 차를 움직였습니다. 공간을 보니 충분히 옆으로 차를 댈 수 있을 것 같아 그 자리에 서서 대화를 계속했습니다. 그런데 갑자기 조수석에서 한 아주머니가 내리더니 저를 향해 버럭 소리를 질렀습니다. "차가 들어오면 비켜줘야지. 눈깔은 어디에다 두고 그러고 있는 거예요?"

정말 황당했습니다. 모태 신앙으로 자라난 데다가 20대 초반부터 교회에서 전도사를 시작한 이후로 지금까지 누구에게도 '눈깔'이란 말을 들어본 적이 없었기 때문입니다. 저도 한바탕 쏘아붙이고 싶었지만, 목사였기 때문에 참았습니다. 그러고는 "왜 이렇게 말이 생경하십니까? 옆에 충분히 들어올 공간이 있어서 그런 것인데"라고 점잖게 말했습니다. 그분도 다른 대꾸가 없어서 일이 대충 마무리된 듯하였습니다.

그런데 함께 있던 여전도사님이 갑자기 사라지더니 3~4분 후에 나타났습니다. 어디 갔다 왔느냐고 물었습니다. 그랬더니 그 여자를 쫓아가서는, "내가 여기 밥 먹으러 왔으니까 참는 건데. 다른 데서 만났으면 뼈도 못 추렸을 줄 알아!" 큰소리치고 왔다는 것이었습니다. 그래서 "정말 잘했습니다"라고 칭찬했습니다. 그때 그 일이 얼마나 달콤한지 그 생각만 하면 지금도 기분이 좋아집니다.

사실상 이 세상에서 복수는 삶의 동력이요 사회 질서를 유지하는 수단입니다. 복수를 포기하는 것은 자기 보호와 생존을 포기한다는 뜻일 수도 있습니다. 그런데 예수께서는 제자들에게 복수를 포기할 것은 물론 원수마저 사랑하라고 요구하셨습니다.

> 또 네 이웃을 사랑하고 네 원수를 미워하라 하였다는 것을 너희가 들었으나 나는 너희에게 이르노니 너희 원수를 사랑하며 너희를 박해하는 자를 위하여 기도하라(마 5:43~44).

바울은 한 걸음 더 나아가 로마서에서 "네 원수가 주리거든 먹이고 목마르거든 마시게 하라"(롬 12:20)고 구체적으로 권면합니다. 그러나 문제는 원수 사랑이 실제로 우리 삶에서 가능하냐는 데 있습니다. 물론 특정 기간만 원수를 사랑하라면 힘들겠지만 가능할지도 모릅니다. 예를 들어 한 달, 아니면 1년만 원수를 사랑하라고 하면 못할 것도 없습니다.

그러나 어떻게 평생 무한정 원수를 사랑할 수 있을까요? 따라서 일부 해석자들은 원수 사랑은 종말시 하나님 나라에서 갖게 될 삶의 비전이지 현실 세계 속에서 반드시 실천하라고 주어진 것은 아니라고 봅니다. 어떤 이들은 역사의 종말과 하나님의 최후 심판이 코앞에 다가왔기 때문에 흠 없이 살아야 한다는 종말론적 열병에서 생겨난 "중간기 윤리"(interim ethic)로 해석합니다. 20세기 3대 기독교 지성이라고 불린 라인홀드 니버 조차도 원수 사랑은 "불가능한 이상"이라고 했습니다. 어떤 이들은 '완전'을 목표로 하는 수도승이나 성직자처럼 특별한 부류의 사람에게만 해당하는 것이지 평범한 인간을 위한 명령은 아니라고 해석합니다. 어떤 이들은 인간이 도덕적 공로로는 천국에 갈 수 없다는 것을 보여주면서, 자기 주제를 알고 까불지 말고 겸손하게 살라는 의미로 주신 경고의 말씀 정도로 해석합니다.

도대체 현실 세상에서는 불가능해 보이는 이 "원수를 사랑하라"는 명령을 예수께서 주신 이유가 무엇일까요? 이런 명령을 현실적으로 실천할 수 있도록 아무 조치도 취하지 않으시고 무조건 명령만 하신 것일까요? 로마서 12장 17~21절에는 "악에게 지지 말고 선으로 악을 이기라"는 말씀이 원수 사랑과 연결되어 있는데, 도대체 둘 사이의 관계는 무엇일까요?

원수 사랑은 노예의 윤리인가?

우선 원수 사랑에 대한 일반적인 오해부터 풀어보겠습니다. 일부 그리스도인은 악과 싸우는 것이 힘들기 때문에 아예 악인을 피하라는 차원에서 "원수를 사랑하라"고 했다고 핑계를 댑니다.

물론 악은 너무나 악질적이고, 비인간적이고, 파괴적이기 때문에 악을 이기는 것은 쉽지 않습니다. 사실 그 악을 이기려면 그보다 더 악해야 하기 때문입니다. 이런 이유로 많은 사람이 악과 대결해서 싸우려고 하지 않습니다. 악이 무서워서 피하면서도 "사랑은 오래 참는 것"이라고 둘러대는 때도 있습니다.

따라서 철학자 니체는 "원수를 사랑하라"는 명령은 노예들의 윤리라고 말합니다. 강자를 위한 윤리가 아니라 겁 많은 약자를 위한 윤리라는 것입니다. 어떤 이들을 보면 니체의 말이 맞는다는 느낌이 들 때도 있습니다. 힘이 있다면 얼마든지 보복할 수 있는데, 힘이 없으니까 악을 직시하지 않고 피해 도망가면서 "사랑은 오래 참는 것"이라는 말로 비겁하게 자위하는 사람이 있기 때문입니다.

그렇다면 사랑은 정말로 오래 참는 것입니까? 그렇습니다. 물론 비겁한 사람들이 핑계로 삼기도 하지만, 사랑은 오래 참는다는 말은 맞습니다. 그런데 문제는 "사랑은 오래 참는다"는 말이 어떤 의미인지를 오해하고 있다는 것입니다. 사랑은 악을 피해 도망가며 오래 참는 것이 아닙니다.

"사랑은 오래 참고"라는 어구가 나오는 고린도전서 13장 4절을 보겠습니다. 여기서 "사랑"은 헬라어로 '아가페'이고, "오래 참다"는 '마크로투메오'입니다. 이 동사는 신약에 10번 사용되었는데 "열악한 환경이나 악한 상황을 참다"는 의미로 주로 쓰이는 단어가 아닙니다. 대부분 "인간을 오래 참는 것"을 가리키는 용어입니다(윌리엄 바클레이). 예를 들어 마태복음을 보면 일만 달란트를 빚진 자에게 빚을 갚으라고 하자 "그 종이 엎드려 절하며 이르되 내게 참으소서 다 갚으리이다"(마 18:26)라고 했는데, "내게 참으소서"라는 동사가 바로 '마크로투메오'입니다.

여기서 아가페 사랑은 "악한 사람을 오래 참아내는 것"임을 알 수 있습니다. 아가페 사랑은 어떤 '악한 상황'을 인내하고 버티는 것이 아닙니다. 아가페 사랑은 '악한 사람'을 참아내는 것입니다. 아가페 사랑은 심지어는 나를 박해하는 자까지도 참아내는 것입니다. 우리는 이 같은 사실을 본문 바로 앞에 있는 로마서 12장 9, 14절에서도 볼 수 있습니다.

> 사랑에는 거짓이 없나니 악을 미워하고 선에 속하라. … 너희를 박해하는 자를 축복하라. 축복하고 저주하지 말라.

9절에 "사랑에는 거짓이 없나니"라고 했는데, "거짓 없는 사랑"이 고린도전서 13장에서 말하는 아가페 사랑과 같습니다. 이 거짓 없는 사랑의 속성이 무엇입니까? "악을 미워하고 선에 속하는 것"이며, 심지어 나를 "박해하는 자를 저주하지 않고 축복하는" 것입니다.

그렇다면 우리가 거짓 없는 사랑, 즉 아가페 사랑으로 "우리를 박해하는 자"까지 축복해가며 오래 참아야 하는 이유가 무엇입니까? 간단합니다. 악한 자들이 회개하고 돌아오도록 하기 위함입니다. 이것은 하나님이 우리를 향해 오래 참으시는 이유와 같습니다. 베드로는 이렇게 말합니다.

> 주의 약속은 어떤 이들이 더디다고 생각하는 것같이 더딘 것이 아니라 오직 주께서는 너희를 대하여 '오래 참으사' 아무도 멸망하지 아니하고 다 회개하기에 이르기를 원하시느니라(벧후 3:9).

여기서 "너희를 대하여 오래 참으사"에서 "오래 참으사"가 바로 '마크로투메오'입니다. 하나님은 이 세상에 무관심하셔서 오래 참으시는 것이 아닙니다. 악한 자들이 회개하고 돌아오게 하려고 오래 참으십니다.

우리는 종종 악인의 형통을 볼 때마다 질문합니다. 하나님께서는 왜 저들을 빨리 포기하지 않으시는가? 왜 당장 복수하지 않고 이렇게 오래 참으시는가? 이유는 한 가지입니다. 하나님은 사랑이시며(요일 4:16), 사랑은 오래 참기 때문입니다(고전 13:4).

원수 사랑은 영혼의 짐인가, 우리를 위한 위로인가

사도 바울이 17~18절에서 "아무에게도 악을 악으로 갚지 말고 모든 사람 앞에서 선한 일을 도모하라. 할 수 있거든 너희로서는 모든 사람과 더불어 화목하라"고 한 것도 마찬가지입니다. 악한 사람들이 우리의 거짓 없는 사랑을 통해 회개하고 돌아오게 하고자 함입니다.

우리는 이런 말씀의 당위성을 잘 알면서도, 실제 악한 사람을 만나면 엄청난 벽을 느낍니다. 오늘날 세상이 너무나 바쁘게 돌아가기 때문에, 우리에게 잘해주는 사람에게도 친절을 베푸는 것이 쉽지 않습니다. 그런데 우리에게 악을 행하는 사람에게 선한 일을 도모하라니 이것이 가당한 이야기입니까? 때로는 내 가족조차 사랑하지 못할 때가 많은데 어떻게 원수를 사랑한다는 말입니까?

그것도 악한 자들이 우리의 오래 참음을 보면서 바로 회개하면 모를까 꿈쩍도 하지 않고 오히려 그런 선함을 이용하려 든다면 과연 얼마나 더 오래 참을 수 있겠습니까? 따라서 많은 그리스도인이 원수를 사랑하라는 이야기를 들으면 부담스러워합니다. 끊임없이 아가페 사랑으로 원수를 사랑하라는 주님의 요구는 자칫하면 해방의 복음이 아니라, 율법의 무거운 짐이 되는 것이 사실입니다. 아가페 사랑이 단지 의무가 되면 율법의 멍에로 남습니다. 인간의 힘으로 원수를 사랑하려고 애쓰다 보면 아가페 사랑마저 견딜 수 없는 영혼의 짐이 되기 때문입니다.

그러나 아가페 사랑은 우리에게 율법의 멍에가 되도록 주어진 것이 아닙니다. 거짓 없는 사랑은 실제로 우리 안에서 오래 참게 하는 능력이 되도록 하나님이 주시는 선물이기 때문입니다. 하나님은 아무런 조치 없이 그저 우리에게 악을 악으로 갚지 말고 선으로 악을 이기라고 요구하시는 분이 아닙니다. 오래 참음이 영혼의 짐이 되지 않고 우리 안에서 역사하는 강력한 능력이 되도록 구체적으로 도우십니다.

로마서 12장 19~21절을 보겠습니다.

> 내 사랑하는 자들아 너희가 친히 원수를 갚지 말고 하나님의 진노하심에 맡기라. 기록되었으되 원수 갚는 것이 내게 있으니 내가 갚으리라고 주께서 말씀하시니라. 네 원수가 주리거든 먹이고 목마르거든 마시게 하라. 그리함으로 네가 숯불을 그 머리에 쌓아놓으리라. 악에게 지지 말고 선으로 악을 이기라.

바울은 아가페 사랑으로 원수를 사랑해야 하는 우리에게 복수하시는 하나님이 위로가 되신다고 말합니다. 복수하시는 하나님이 계시기에 우리는 낙심하지 않고 얼마든지 원수를 사랑할 수 있다는 것입니다. 비록 원수가 금방 회개하지 않는다 하더라도 낙심할 필요가 없습니다. "원수가 주리거든 먹이고 목마르거든 마시게 하는" 일이 끝내는 원수의 머리 위에 숯불을 쌓아놓는 것과 같으니, 친히 복수할 생각을 하지 말고, 선으로 악을 이기라는 것입니다.

여기서 관건은 "네가 숯불을 그 머리에 쌓아놓으리라"는 구절을 어떻게 해석하느냐에 달려 있습니다. 그동안 '숯불'은 크게 두

가지로 해석해왔습니다. 첫째, "숯불은 그리스도인의 사랑을 거부하는 자들이 받을 하나님의 심판을 가리킨다"(크리소스톰)라고 보는 해석이 있습니다. 둘째, 숯불은 원수들이 마음에 수치심을 느끼고 결국 회개하게 만드는 "불타는 치욕의 고통"을 가리킨다고 보기도 합니다(어거스틴).

그러나 '숯불' 이미지가 성경에서 주로 하나님의 심판을 가리키는 용도로 사용되고, 앞뒤 문맥에서 하나님의 복수를 언급하고 있기에 그리스도인의 사랑을 거부하는 자들이 받을 하나님의 심판을 가리키는 것이 정확하다고 생각합니다. 그렇다면 본문은 이렇게 의역할 수 있습니다. "네 원수가 주리거든 먹이고 목마르거든 마시게 하라. 그리함으로 장차 원수들이 받을 하나님의 심판을 그 머리에 쌓아놓게 되리라."

여기서 우리는 조심해야 합니다. 이 말씀을 그들이 받을 벌을 더 크게 하려고 원수를 사랑해야 한다고 해석해서는 안 됩니다. 겉으로는 원수에게 선을 베풀지만, 속으로는 복수심으로 이를 갈아도 된다는 식으로 이해해서도 안 됩니다.

본문의 의도는 선으로 악을 이기려고 애쓰는 그리스도인을 위로하려는 데 있음을 주목해야 합니다. 아무에게도 악을 악으로 갚지 말고 모든 사람 앞에서 선한 일을 도모하면서 모든 사람과 더불어 화목하기 위해 온갖 노력을 다 기울였으나 악인들이 끝까지 회개하지 않을 때는 낙심할 수밖에 없습니다. 과연 계속해서 원수를 사랑해야 하는지 의문이 생기지 않을 수 없습니다.

그러나 이런 경우라도 "원수가 주리거든 먹이고 목마르거든 마시게" 하는 일을 멈추어서는 안 된다는 것입니다. 우리가 선을 행함에도 끝내 거절한다면 이들의 머리 위에 숯불이 쌓이게 되기 때문입니다. 따라서 직접 복수하려고 너무 초조해할 필요도 없고, 낙심할 필요도 없다는 것입니다.

저는 숯불 이미지가 얼마나 큰 위로가 되는지 모릅니다. 언젠가 숯불이 쏟아지면 원수의 온몸이 불에 탈 것이라는 상상을 하기 때문이 아닙니다. 세상적으로는 이런 상상이 종종 위로가 될지도 모르지만, 성경의 진정한 가르침은 결코 아닙니다. 우리가 선으로 악을 갚는데도 악인이 회개하는 모습이 조금도 보이지 않아도, 이런 일로 초조해하며 우리가 직접 복수하려고 할 필요가 없기 때문입니다. 설령 원수가 회개하고 돌아오지 않는다고 해도 그것은 우리 책임이 아닙니다. 하나님의 오래 참으심과 우리의 원수 사랑을 멸시하고 회개하지 않은 자들이 스스로 숯불을 머리 위에 쌓아놓은 것이기 때문입니다.

바울은 로마서 2장에서 이와 유사한 말을 한 적이 있습니다.

혹 네가 하나님의 인자하심이 너를 인도하여 회개하게 하심을 알지 못하여 그의 인자하심과 용납하심과 길이 참으심이 풍성함을 멸시하느냐? 다만 네 고집과 회개하지 아니한 마음을 따라 진노의 날 곧 하나님의 의로우신 심판이 나타나는 그 날에 임할 진노를 네게 쌓는도다(롬 2:4~5).

이렇게 원수의 머리에 쌓이는 숯불 이미지는 우리에게 미움과 복수의 정신에서 해방되어 악에게 지지 않고 선으로 악을 이길 수 있도록 우리에게 힘을 줍니다.

삶으로 보여주는 복음

우리의 노력에도 아무 효과가 없어 보일 수 있지만, 이런 정신으로 원수가 주리면 먹게 하고 원수가 목마르면 마시게 하는 사랑을 보인다면, 언젠가 원수가 회개하고 돌아오게 될는지 모릅니다. 놀랍게도 우리는 이런 사실을 중동의 선교지에서 볼 수 있습니다.

십수 년 전 명문대를 졸업한 스물여섯 살의 자매가 총신 신대원에 수석으로 입학했습니다. 입학식에서는 신입생 대표로 인사말을 했고, 제가 하는 모세오경 수업에 들어오면서 그녀를 알게 되었습니다. 그런데 1학년을 마치자마자 갑자기 휴학한다는 소식이 들렸습니다. 저는 이유가 궁금해서 밥을 사주면서 물어보았습니다. 오만에 가서 1년쯤 단기 선교를 하기 위해 휴학하기로 했다는 것이었습니다.

여자 혼자 이슬람 국가에서 1년이나 단기 선교를 할 생각은 어떻게 했느냐고 물었습니다. 아버지가 때로는 자일 없이 암벽등반을 해보게 할 정도로 자신을 용감하게 키웠기에 별문제가 안 된다는 것이었습니다. 저는 그 정도라면 단기 선교 경험이 신학을 공부하는 데 도움이 될 것이라고 격려했지만 속으로는 적잖이 걱정이 되었습니다.

그리고 1년이 지난 봄학기 수업 시간에 들어가니 복학해서 수업에 들어온 자매가 보였습니다. 반가워서 함께 식사하면서 오만에서의 단기 선교 경험담을 듣는 중에 매우 흥미롭고 감동적인 이야기를 들었습니다.

자매는 오만에 가서 단기 선교를 하면서 모슬렘 사람을 개종시키기 위해 열심히 노력했지만 단 한 명의 개종자도 얻지 못했습니다. 그런데 충격적인 것은 그곳에 가정부로 온 필리핀이나 에리트레아 사람에게는 개종자의 열매가 있다는 사실이었습니다. 처음에는 이해하기 힘들었습니다. 자기는 풀타임 선교를 왔고, 그들은 그냥 돈 벌러 가정부로 온 것인데 어떻게 자신에게는 아무 열매가 없는 반면에, 그들을 통해서는 복음 전도가 이루어지는가 하는 질문이 떠나지 않았습니다.

자매는 1년이 지나면서 그 이유를 알게 되었습니다. 그들이 온갖 학대를 당하면서도 매일의 삶에서 집주인을 사랑하고 용서하는 모습을 보여주었기 때문입니다. 가정부들이 집주인에게 얼마나 고통을 당하고 사는지를 보여주는 소위 '라한다' 사건이 있습니다. 사우디아라비아에서 가정부로 일하는 라한다 푸라지 아리야와티에(Lahanda Purage Ariyawathie)는 주인집 부부가 못과 바늘을 몸속에 집어넣는 폭행을 가한 사실이 알려져 사회에 큰 충격을 주었습니다.

이러한 비정상적인 취급을 받으면서도 그리스도인 가정부들이 자신을 사랑하고 용서하는 모습을 보며 집주인들이 변화되는 이야기를 자매가 들은 것입니다. 악을 선으로 갚는 그리스도인 가정부의 모습에 집주인이 개종까지 한다는 이야기를 선교사들에게 듣고서야 비로소 자신이 그곳에서 개종자를 얻지 못한 이유를 알게 된 것입니다. 오늘날 한국은 풍요를 경험했지만 고난 가운데 다른 이들을 사랑하는 영성이 사라진 것이 한국 교회의 문제임을 깨닫게 된 것입니다. 저는 이 자매의 말에 깊이 공감했습니다.

악을 이기는 유일한 방법

여기서 우리는 진정으로 악한 사람을 회개하게 하는 방법은 사랑밖에 없음을 봅니다. 더 나아가 악을 이기는 유일한 방법은 사랑밖에 없습니다. 십자가 위에서 자신을 죽음으로 내몬 이들까지도 용서하시는 주님의 모습에서 우리는 어떤 악도 사랑을 이길 수는 없음을 봅니다.

> 아버지 저들을 사하여 주옵소서. 자기들이 하는 것을 알지 못함이니이다(눅 23:34).

살아 계신 하나님이 인간이 발명한 최악의 형틀이라는 십자가 위에 매달리셨다면, 이는 인류 역사상 가장 사악한 일이 일어난 것입니다. 조금도 악이 없으신 분이 거대한 악의 힘에 무참히 학살되었기 때문입니다. 그런데 예수께서는 그런 악을 당하면서도 자신을 십자가에 못 박는 이들을 용서하십니다. 겉으로 보기에는 무력하기 그지없는 이런 용서가 끝내는 예수를 십자가에 못 박은 자들의 악을 무력화한 것 아닙니까? 결국 한없는 주님의 사랑이 악을 이기는 유일한 방법임을 입증한 것 아닙니까?

사람들을 기독교로 끌어들이는 데 이런 고귀한 용서(serene forgiveness)보다 더 강력한 힘은 없습니다. 모든 시대마다 순교자들은 이 사실을 극명하게 보여줍니다. 스데반을 보십시오. 그는 자신을 돌로 쳐 죽이는 자들을 위해 용서의 기도를 하며 죽어갑니다.

> 그들이 돌로 스데반을 치니 스데반이 부르짖어 이르되 주 예수여 내 영혼을 받으시옵소서 하고 무릎을 꿇고 크게 불러 이르되 주여 이 죄를 그들에게 돌리지 마옵소서 이 말을 하고 자니라(행 7:59~60).

스데반을 죽인 자들 중에는 사울이라는 젊은 청년이 있었습니다. 사울이 어떻게 해서 후에 이방인의 사도요 그리스도의 종으로 변화되었을까요? 스데반의 이러한 죽음 장면이 바울을 그리스도께로 돌아가게 한 큰 원인이 아니었나 생각합니다.

우리는 여기서 한 신앙 선배의 말에 귀를 기울일 필요가 있습니다.

> 악을 다루는 데는 여러 방법이 있고 그 악을 정복하는 데도 몇 가지 방법이 있다. 그런데 그 모든 방법은 한 가지 진리의 다른 측면에 지나지 않는다. 즉, 악을 정복하는 유일하고 궁극적인 방법은 그 악이 인생을 자발적으로 생명력 있게 살아가는 사람 안에서 그냥 질식당해 버리도록 하는 것이다. 스펀지에 피가 흡수되고 가슴에 창이 날아와 박히듯 악이 거기에 흡수되어 버리는 날, 그 악은 힘을 잃어버리고 더는 앞으로 나갈 수 없게 된다.
>
> (Gale D. Webbe, *The Night and Nothing* [N.Y.: Seabury Press, 1964], 109.)

예수께서 자신에게 가해지는 악을 악으로 갚지 않고, 자신을 못 박는 원수들마저 용서하는 사랑 안에서 세상의 악은 그 힘을 잃었습니다. 어쩌면 악을 악으로 갚지 않고 선으로 악을 이기려면 우리 영혼이 악을 '흡수'해야 하는 고통을 겪어야 할지도 모릅니다. 세상이 우리에게 가하는 악을 고스란히 송두리째 받아내면서도 끝내는 악을 악으로 갚지 않고 선으로 악을 이겨내는 데 따르는 고통을 감수해야 할지 모릅니다. 그러나 이런 원수까지 사랑해야 하는 용서의 고통이 끝내는 악에게 지지 않고 선으로 악을 이길 수 있게 하는 힘이 됩니다.

이런 식으로 보면 우리는 누군가가 속옷을 달라고 하면 겉옷까지 주라는 주님의 말씀을 이해할 수 있고 순종할 수 있습니다. 권력자가 우리를 고소해 법정에서 우리의 속옷을 빼앗아가려고 한다고 합시다. 그럴 때 우리는 어떻게 해야 합니까? 우리가 권력자를 이길 수는 없지만, 그가 무슨 일을 하는지 보여줄 수 있다는 것이 주님의 가르침입니다. 당시 대부분은 겉옷과 속옷 둘만 입고 다녔기에 겉옷까지 벗어주면 알몸이 되는 것입니다. 이런 모습을 통해 권세 있는 자들이 얼마나 불의하고 무정한 자들인지 보여줄 수 있다는 것입니다. 결국 불의와 폭력에 맞서 하나님의 방식으로 얼마든지 선으로 악을 이길 수 있다는 사실을 주님은 이런 식으로 가르쳐 주신 것입니다.

예수만이 우리의 능력

우리는 이제야 앞서 "네 원수를 사랑하라"는 예수의 가르침이 영혼의 짐이요, "영원히 헤어날 길 없는 죄책감과 절망의 원인"이라고 이문열이 말한 것에 대해 답변할 수 있게 되었습니다. 주님은 단순히 우리에게 원수를 사랑하라고 계명만 남기고 떠나신 것이 아닙니다. 우리 주님은 친히 자신의 전 생애를 통해 왜 원수를 사랑해야 하는지 그 이유를 보여주셨습니다.

주님이 친히 경험하시지 않은 것을 우리에게 요구하신 적이 없습니다. 주님은 누구를 대하든지 항상 악으로 악을 갚지 않으셨습니다. 주님은 자신을 박해하는 자들을 저주하지 않고 축복하셨습니다. 주님은 자신을 십자가에 못 박는 자들마저 용서하셨습니다. 이렇게 주님은 세상을 사랑하셔서 우리가 회개하도록 오래 참으시며, 우리에게도 동일하게 악을 악으로 갚지 말고, 심지어 원수까지 사랑하라고 요구하신 것입니다.

그러기에 관건은 우리에게 원수까지 사랑할 능력이 있느냐에 있지 않습니다. 우리 마음속에 누구를 모시고 사느냐가 관건입니다. 우리 힘만으로는 결코 원수를 사랑하라는 말씀에 순종할 수 없습니다. 그러나 고난 중에 우리와 함께하시는 임마누엘의 하나님을 마음에 모시고 살아간다면 우리는 원수까지 사랑하라는 말씀에 얼마든지 순종할 수 있습니다. 우리 힘으로는 결코 할 수 없지만, 우리 능력이 되시는 주님께서 선으로 악을 이길 수 있게 하시기 때문입니다.

자신을 십자가에 못 박은 이들의 악을 온몸으로 받아들이면서도 이들을 용서하신 주님이 나와 함께하신다면 우리는 얼마든지 악을 악으로 갚지 않을 수 있습니다. 때로는 악을 선으로 갚는 것이 너무 어려워 힘들 때도 있지만, 원수 갚는 것이 내게 있으니 복수하지 말라고 하시며 원수의 머리 위에 숯불이 쌓이는 것을 보여주시고 위로하시기에 우리는 다시 일어나 악에 지지 않고 선으로 악을 이길 수 있습니다.

우리의 큰 능력이신 주님만 마음에 모신다면 우리는 악에게 지지 않을 수 있습니다. 우리의 큰 소망이신 주님이 안에 거하신다면 우리는 선으로 악을 이기며 살아갈 수 있습니다. 우리의 큰 능력이요 소망이신 주님만을 바라보고 나아간다면 어떤 악도 우리를 이기지 못할 것입니다.

10

세상의 소금, 그 가공할 소명

✿

11 나로 말미암아 너희를 욕하고 박해하고 거짓으로 너희를 거슬러 모든 악한 말을 할 때에는 너희에게 복이 있나니 12 기뻐하고 즐거워하라 하늘에서 너희의 상이 큼이라 너희 전에 있던 선지자들도 이같이 박해하였느니라 13 너희는 세상의 소금이니 소금이 만일 그 맛을 잃으면 무엇으로 짜게 하리요 후에는 아무 쓸 데 없어 다만 밖에 버려져 사람에게 밟힐 뿐이니라

마태복음 5:11~13

"너희는 세상의 소금이다"라는 주님의 말씀을 들으면 어떤 느낌이 듭니까? 자랑스럽습니까? 부담됩니까? 아니면 가슴 에이듯 고통스럽습니까? 사람마다 다른 반응을 보이는 것은 "세상의 소금"에 대한 이해가 다르기 때문입니다.

게다가 "세상의 소금"이라는 표현은 최근에 너무 가볍게 쓰입니다. 자기 역할을 잘 해내는 사람에 대해 "그는 소금 같은 존재야"라고 칭찬하는 모습을 흔히 봅니다. 심지어 고정 게스트로 감초 역할을 잘하는 연예인을 가리켜 그 프로그램의 "빛과 소금"이라고 부르기도 합니다. 결국 이 단어는 상대방을 가볍게 격려하는 다소 낭만적인(?) 용어가 된 것이 사실입니다. 또한 원칙적인 사람을 "세상의 소금"이라고 부릅니다. 이때도 "세상의 소금"은 기껏해야 도덕주의적 용어로 사용되고 있습니다.

저희 부부가 MBTI 검사를 해보니 저는 ISTJ(내향-감각-사고-판단), 아내는 ENFP(외향-직관-인식-감정)로 나왔습니다. 성격의 네 가지 범주에서 두 사람은 서로 맞는 것이 하나도 없었습니다.

ISTJ 해설을 보니 "진지하고 조용하며 집중력 있는 성실한 사람으로 일단 맡은 일은 책임지고 완수하는 성격이며, 한마디로 세상의 소금형"이라는 설명이 있었습니다. 저는 "세상의 소금형"이란 말에 기분이 좋아 "여보, 나는 세상의 소금형 이래"라고 자랑을 하자, 아내는 "뭐가 소금이야? 한번 살아보라고 해. 얼마나 까칠한데"라며 눈을 흘기는 것이었습니다. 저는 "상대방이 당연한 일을 했을 뿐이라고 생각하기에" 배우자에게 칭찬을 잘하지 않는 ISTJ형인데 반해, 아내는 "늘 다른 사람의 격려와 칭찬이 필요하며 그걸 원하는" ENFP형이기 때문입니다.

저는 1983년 결혼할 때 가난해서 결혼 예물을 제대로 해줄 수가 없었고 14K 금반지를 사준 것이 전부였습니다. 아니, 엄밀히 말하자면 제가 사준 것도 아니었습니다. 제 돈 150만 원과 아내 돈 500만 원을 합친 후 모든 결혼 준비를 아내가 했기 때문에, 아내가 이대 앞 금은방에 가서 14K 금반지 둘을 맞춘 것이 전부였습니다.

결혼 때 예물을 제대로 받지 못한 아내는 미국 유학 시절 종종 우편함에 들어 있던 보석 세일 전단지를 유심히 들여다보곤 했습니다. 제가 약간은 못마땅한 눈초리로 "뭐해?" 하면 "아냐, 그냥 전단지가 있어서 보는 거야. 여보, 미국은 다이아 엄청 세일 한다. 80퍼센트나 하네"라는 것이었습니다. 그럴 때마다 저는 이렇게 말했습니다. "여보, 내가 당신에게 보석인데, 무슨 보석이 더 필요해. 내가 다이아야." 아내는 이 말에 "그래 맞아. 당신이 보석이지" 이렇게 맞장구까지 치곤 했습니다.

늘 이런 식이었고 이런 저의 당당함(?)은 결혼 10여 년간은 잘 먹혔습니다. 그러던 자매가 10여 년이 지나면서 달라지기 시작했습니다. "여보, 당신이 보석인 것도 맞는데, 나는 다른 보석도 필요해"라는 것이었습니다.

얼마 전 학교 직원들과 식사하면서 이런 이야기가 나오자 한 젊은 자매가 뭐라고 하는 것이었습니다.

"교수님, 어떻게 그런 식으로 말씀하세요. 그러면 사모님한테 사랑 못 받아요."
"그러면 뭐라고 해야 하는데?"
"'여보, 당신에게 보석을 사주고 싶은데, 지금까지 당신보다 나은 보석을 찾지 못해 사줄 수가 없소.' 이렇게 해야죠."

"세상의 소금형"이라는 저 같은 인간들은 도저히 이런 말을 할 수가 없습니다.

불길한 함축에 담긴 은유

"세상의 소금"이란 말은 오늘날 이렇게 가벼운 칭찬 정도로 오해되고 있습니다. 그러나 성경에서 "세상의 소금"이란 말은 낭만적인 격려가 아닙니다. 물론 제자들은 "너희는 세상의 소금이다"라는 말씀을 평생 잊을 수 없었을 것입니다. 보잘것없는 인생을 살아온 그들에게 "세상의 소금"이라는 말씀은 가히 혁명적으로 들렸기 때문입니다.

예수를 만나지 못했더라면 팔레스타인 좁은 땅에 태어나 살다가 흔적도 없이 사라져갔을 티끌 같은 존재들인데, '소금'이라니, 이보다 더 감격적인 소명이 어디에 있겠습니까? 그것도 부뚜막의 소금이라거나 식탁 위 소금이 아니라 "세상의 소금"이라고 하셨으니 말입니다. 예수님이 시작하실 새로운 세상을 열어갈 주체로서 그들을 인정하신다는 것이니, 과분한 칭찬이요 격려가 아닐 수 없었습니다. 그러나 예수께서 말씀하신 "세상의 소금"은 칭찬과 격려만을 위해 하신 말씀이 아닙니다.

"너희는 세상의 소금"이라는 말씀(원어는 여섯 단어) 뒤에 무서운 심판의 말씀이 훨씬 길게(스무 단어) 붙어 있어서 불길함을 떨쳐버릴 수 없기 때문입니다.

> 소금이 만일 그 맛을 잃으면 무엇으로 짜게 하리요 후에는 아무 쓸 데 없어 다만 밖에 버려져 사람에게 밟힐 뿐이니라(마 5:13).

많은 그리스도인이 "너희는 세상의 소금"이라는 말을 좋아하면서도 맛을 잃으면 버림을 받게 된다는 점은 무시하기 때문에 이 말씀에 담긴 불길한 함축을 느끼지 못하는 경우가 많습니다.

"하필 왜 소금이 되라 하십니까?"

그런데 소설가 박완서 씨는 이 부분을 정확히 짚었습니다. "너희는 세상의 소금"이라는 말씀이 갖는 불길함을 소설가적 상상력과 직관으로 멋지게 드러냈습니다.

> 주님, 하필 왜 소금이 되라 하십니까? 저는 싫습니다. … 저는 나름대로 빛나고 싶고 사랑받고 싶고 존경도 받고 싶습니다. 꽃이고 싶고 별이고 싶고 나무이고 싶고 파도이고 싶습니다. 세상 만물하고 많은 것 중에 하필 소금이라니요. … 왜 그렇게 싫으냐고요?
>
> 우선 소금이 소금 된 보람을 느끼려면 자기 모습을 드러내지 않고 숨어 있어야 하니까요. 모습이 드러나 소금버캐(엉켜 굳어 말라버린 소금)라도 되어 보세요. 다들 그 음식은 먹어보지도 않고 맛없다고 얼굴을 찡그릴 것입니다. …
>
> 그럼에도 만약 짠맛을 잃어보세요. 주님 말씀대로 당장 버림받겠지요. 제구실해도 인기 없고, 그 단 한 가지 구실 외엔 다른 아무짝에도 쓸모없고, 제 몸을 숨기고 남에게 스며듦으로써 비로소 남을 썩지 않게 … 만들라니 억울해서도 못하겠습니다. 어떻게 태어난 인생인데 남 좋은 일만 하라 하십니까. … 주님, 저는 주님처럼 소금이 될 자신은 없지만, 주님의 언행을 소금 삼아 간이 맞는 인간은 되려고 노력하겠으니 저더러 다시는 소금이

되라고는 마옵소서.

(박완서, "차라리 해바라기가 되게 하소서", 《님이여, 그 숲을 떠나지 마오》, 26~27쪽, 여백, 1999년).

그러나 "너희는 세상의 소금"이란 말씀 속에는 이 정도의 불길함만 있지 않습니다. "세상의 소금"이 되려면 엄청난 대가를 치러야 한다는 사실이 내포되어 있습니다. 성경을 깊이 들여다보면, 소금의 짠맛을 유지하려면 우리는 삶 전체를 번제로 드려야 할지도 모르며, 심지어는 신체의 일부를 포기해야 할지도 모른다는 진실에 이릅니다. 곧 살펴보겠지만 "너희는 세상의 소금"이라는 말씀은 우리의 생명과 몸을 달라는 주님의 가공할 만한 요구인 것입니다. 우선 앞뒤 문맥을 들여다보고, 그러고서 성경에서 소금의 의미가 무엇인지를 살펴보도록 하겠습니다.

제자도의 대가

먼저 "너희는 세상의 소금이라"는 선언의 의미를 제대로 이해하려면 바로 앞에 나오는 10~12절과 함께 문맥 속에서 해석해야 합니다.

의를 위하여 박해를 받은 자는 복이 있나니 천국이 그들의 것임이라. 나로 말미암아 너희를 욕하고 박해하고 거짓으로 너희를 거슬러 모든 악한 말을 할 때에는 너희에게 복이 있나니 기뻐하고 즐거워하라. 하늘에서 너희의 상이 큼이라. 너희 전에 있던 선지자들도 이같이 박해하였느니라(마 5:10~12).

예수께서는 당신의 제자들이 세상에서 칭찬받고 인정받는 것이 아니라, 오히려 의를 위하여 박해받고 예수 때문에 욕을 먹게 될 것인데 이것이 복이라고 선언하십니다. 따라서 제자들이 박해받고 욕을 먹게 되면 오히려 기뻐하고 즐거워해야 한다고 말합니다. 이런 자들만이 천국을 소유하게 되고, 하늘에서 상이 크기 때문입니다. 게다가 이전 선지자들도 이런 박해를 받았기에, 예수의 제자들 역시 박해를 받는다면 제자들은 선지자들의 계보를 잇는 선지자의 후예라고 말씀하십니다.

이렇게 제자들이 박해를 받게 될 것이나 오히려 기뻐해야 한다고 격려하신 후에, 13절에서 "너희는 세상의 소금"이라고 선언하신 것입니다. 제자의 역할을 박해받는 선지자로 묘사한 후에 왜 하필이면 "너희는 세상의 소금"이라고 하셨을까요? 도대체 박해와 소금은 무슨 상관이 있는 것입니까?

이를 알려면 성경에서 소금이 주로 어떤 용도로 사용되는지를 살펴보아야 합니다. 현대에 소금은 주로 음식의 맛을 내는 데 사용되기 때문에, 소금을 음식과 연관시키기 쉬운 것이 사실입니다. 그러나 성경을 보면 소금은 음식 맛을 내는 용도보다는 제사 용도로 더 많이 쓰입니다. 예를 들어 특별히 소제, 즉 곡물 제사를 드릴 때 소금은 필수였습니다.

> 네 모든 소제물에 소금을 치라. 네 하나님의 언약의 소금을 네 소제에 빼지 못할지니 네 모든 예물에 소금을 드릴지니라(레 2:13).

곡물제사인 소제를 드릴 때 소금을 치라고 3번이나 강조한 이유는 무엇입니까? 그것은 어떤 상황, 어떤 조건에서도 소금은 변하지 않기 때문입니다. 물에 녹든지, 얼든지, 끓이든지, 다른 물질과 섞이든지 소금은 그 맛이 남는다는 사실을 고대인도 알고 있었습니다. 결국 소제를 드릴 때 소금을 치는 이유는 하나님과 예배자 사이의 언약 관계가 영원하다는 사실을 강조하고자 함입니다. 하나님께서 예배자를 절대 버리지 않으실 것이기에, 예배자 역시 하나님 앞에서 절대 변하지 않겠다고 고백하면서 소제물에 소금을 친 것입니다.

그뿐 아니라 자신이 한 약속은 절대 변하지 않는다는 점을 강조하고자 하나님께서는 '소금 언약'이라는 용어를 사용하십니다.

> 이스라엘 자손이 여호와께 거제로 드리는 모든 성물은 내가 영구한 몫의 음식으로 너와 네 자녀에게 주노니 이는 여호와 앞에 너와 네 후손에게 영원한 소금 언약이니라(민 18:19).

여호와께서는 레위인의 성전 봉사의 대가로 일정한 형태의 제물을 레위인 몫으로 주겠다고 약속하셨습니다. 이 약속이 절대 변하지 않을 것을 보여주기 위해 "영원한 소금 언약"이라고 부른 것입니다.

고대 근동 아시아에서는 협정이나 동맹을 맺을 때 조약의 영원성을 상징하고자 협정을 맺는 동맹국 대표가 소금을 친 고기를 함께 먹었다고 합니다. 이렇게 성경에서 소금은 '불변의 상징'으로 주로 쓰입니다.

결국 예수께서 제자들에게 "너희는 세상의 소금"이라고 하신 것은 어떤 상황, 어떤 조건에서도 결코 제자로서의 독특한 맛을 잃어버려서는 안 된다는 것입니다. 심지어는 박해를 받고 욕을 먹는다고 해도 제자들은 결코 변해서는 안 된다는 것입니다. 의를 위하여 박해를 받을 때, 예수 때문에 욕을 먹을 때, 오히려 기뻐하고 즐거워하는 모습으로 변하지 않는 제자도를 보여주어야 제자들은 비로소 세상의 소금이 된다는 것입니다.

우리는 어떻습니까? 어떤 상황에서도 예수의 제자로 변하지 않는 소금의 모습을 보입니까? 심지어 의를 위해 박해받으면서도 기뻐하고 즐거워합니까? 아니면 조금만 힘들어도 흔들리며 주님을 원망합니까?

어떤 상황에서도 변하지 않고, 어떤 시류에도 흔들리지 않는 제자의 모습, 이것이 오늘날 주님이 우리에게 요구하시는 모습이요 교회의 소명입니다.

짠맛을 잃지 않으려면

그런데 놀랍게도 예수께서는 소금이 그 맛을 '잃을 수 있다'라고 말합니다.

> 소금이 만일 그 맛을 잃으면 무엇으로 짜게 하리요 후에는 아무 쓸 데 없어 다만 밖에 버려져 사람에게 밟힐 뿐이니라(마 5:13하).

진짜 소금은 짠맛을 잃지 않습니다. 의로 인해 박해받고, 예수 때문에 욕을 먹는 상황에서도 결코 변하지 않는 모습을 보일 때 비로소 제자들은 세상의 소금으로서 짠맛을 유지할 수 있습니다.

그렇다면 어떤 때에 소금이 그 맛을 잃습니까? 결국 제자들이 고난당하기 싫어서 사명을 감당하지 못하고 변할 때 소금은 그 짠맛을 잃습니다. 그리고 만일 소금이 짠맛을 잃는다면 한번 잃어버린 짠맛은 회복할 수 없습니다. 짠맛을 잃어버린 소금을 다시 짜게 만드는 방법은 아예 없기 때문에 맛을 잃은 소금은 밖에 버릴 수밖에 없다는 것입니다.

결국 세상의 소금으로 짠맛을 잃지 않으려면 제자들은 고난당할 각오가 되어 있어야 합니다. 밖에서 주어지는 박해와 고난을 견뎌낼 뿐 아니라, 몸의 일부를 잘라내는 고통마저 감수해야 합니다. 소금의 짠맛을 잃지 않고자 신체 일부를 잘라내는 각오를 해야 한다니 이게 무슨 뚱딴지같은 이야기입니까? 처음 들으면 잘 이해가 되지 않지만, 소금을 언급하는 마가복음 9장을 보면 금방 깨달을 수 있습니다.

> 만일 네 손이 너를 범죄하게 하거든 찍어버리라. 장애인으로 영생에 들어가는 것이 두 손을 가지고 지옥 곧 꺼지지 않는 불에 들어가는 것보다 나으니라. 만일 네 발이 너를 범죄하게 하거든 찍어버리라. 다리 저는 자로 영생에 들어가는 것이 두 발을 가지고 지옥에 던져지는 것보다 나으니라. 만일 네 눈이 너를 범죄하게 하거든 빼버리라. 한 눈으로 하나님의 나라에 들어가는 것이 두 눈을 가지고 지옥에 던져지는 것보다 나으니라. 거기에서는 구더기도 죽지 않고 불도 꺼지지 아니하느니라. 사람마다 불로써 소금 치듯 함을 받으리라. 소금은 좋은 것이로되 만일 소금이 그 맛을 잃으면 무엇으로 이를 짜게 하리요 너희 속에 소금을 두고 서로 화목하라 하시니라 (막 9:43~50).

예수께서는 여기서 제자들이 소금의 짠맛을 잃으면 지옥 불을 만나게 된다고 말합니다. 제자들이 손이나 발이나 눈으로 범죄하여 소금의 짠맛을 잃게 되면 마지막 날에 지옥의 불에 던져진다는 것입니다. 따라서 우리 손과 발이 범죄하게 하거든 그 손과 발을 찍어버리라는 것입니다. 눈이 범죄하면 빼어 버리라는 것입니다. 장애인으로 영생에 들어가는 것이 두 손과 두 발과 두 눈을 가지고 지옥에 들어가는 것보다 낫다는 것입니다. 그 이유가 무엇입니까? 지옥은 구더기도 죽지 않고 불도 꺼지지 않는 곳이기 때문입니다.

그렇다면 어떻게 해야 합니까? 지옥 불에 던져지지 않으려면, "불로써 소금 치듯 함"을 받아야 한다고 주님은 말씀하십니다. "사람마다 불로써 소금 치듯 함을 받으리라." "불로 소금 치듯 함을 받는다"는 뜻은 "불로 소금에 절여지듯 할 것이다"는 의미입니다. 공동번역 성경은 "누구나 다 불소금에 절여질 것이다"라고 번역합니다.

그렇다면 "불로 소금 절이듯 한다"는 말은 무슨 뜻입니까? 에스겔 43장 24절은 "제사장은 그 위에 소금을 쳐서 나 여호와께 번제로 드릴 것"이라고 말씀합니다.

결국 "모든 사람이 불로 소금에 절여지듯 할 것이다"라는 말씀은 번제물을 소금에 절인 후 불에 태워 여호와께 드리는 것처럼 모든 제자가 그리스도의 고난과 죽음에 동참하는 희생제물로 자기 삶을 드리게 된다는 의미입니다.

이렇게 자기 삶을 소금에 절여 불에 태워 드리는 번제물로 드려야 마지막 심판 때에 지옥 불을 피할 수 있습니다. 맛을 잃지 않으려면 제자들은 소금에 절인 후 불에 태워 여호와께 드리는 번제물처럼 살아갈 각오를 해야 합니다. 이렇게 불소금에 절인 번제물처럼 살아야 소금의 맛을 잃지 않고 마지막 지옥 불을 면할 수 있습니다. 따라서 심지어는 자신의 손과 발과 눈이 범죄하면, 손과 발은 잘라버리고 눈은 뽑을 각오로 살아야 한다는 것입니다. 이렇게 살아야 비로소 "세상의 소금" 역할을 할 수 있습니다.

짠맛을 유지하기 위한 결단

우리는 소금의 짠맛을 유지하기 위해 어떤 결단을 하고 있습니까? 내 손이 범죄하게 한다면 과연 나는 그 손을 잘라버릴 수 있습니까?

사실 그리스도인은 아니지만, 더러운 손을 잘라버린 사람이 우리 역사에 있습니다. 병자호란 때 일입니다. 인조는 남한산성에서 내려와 삼전도 청진 앞에 무릎 꿇고 머리를 조아려 항복합니다. 그 항복의 사적을 적은 비석에 비문을 쓰도록 강요받은 사람이 선비 오준이었습니다. 그는 칼날의 위협을 받으며 비문을 쓴 후 돌아와서 비문을 쓴 자신의 오른손을 잘라버렸다고 합니다. 자발적으로 한 일이 아님에도 더러운 손이라 하여 오른손을 잘라버린 것입니다.

물론 주님은 문자적으로 이렇게 하라고 명하신 것이 아닙니다. 그만큼 단단히 각오하라는 뜻으로 하신 말씀입니다. 이런 의지와 결단이 없기에 한국 교회는 세상에서 소금 역할을 제대로 감당하지 못하고 있는지 모릅니다.

고위 공직자들의 청문회가 시작되면 위장 전입, 불법 투기,

다운계약서 작성 등이 단골 메뉴로 등장하는 것을 봅니다. 그중에 상당수가 그리스도인입니다. 이런 모습을 보면서도 우리는 그들을 쉽게 비난만 할 수는 없습니다. 그동안 적지 않은 그리스도인이 세상의 소금으로 짠맛을 유지하기 위해 고난을 감수하기보다는 세상의 욕망을 따라 살아온 것을 부인할 수 없기 때문입니다.

그러다 보니 교회 안에서도 이런 문제는 더 이상 큰 허물이 아닌 수준이 되었습니다. 재산 증식을 위한 위장 전입은 그렇다 하더라도, 자녀 교육을 위한 위장 전입은 더욱 문제가 안 된다고 생각하는 경향이 있습니다. 하나님께 십일조는 드리지 않아도 아이들 교육에는 소득의 10분의 2, 10분의 3을 쓰는 것을 전혀 아까워하지 않습니다. 집이나 땅을 사고팔 때 다운계약서를 쓰고, 나중에 걸리면 세금 내면 그만이라고 생각합니다.

물론 이런 허물이 있는 고위 공직자들도 한 사람 한 사람을 놓고 보면 전반적으로 훌륭합니다. 각고의 노력 없이 그런 높은 관직에 오를 수 없기 때문입니다. 그러나 이래서는 교회가 "세상의 소금"이 될 수 없다는 데 문제가 있습니다. 따라서 주님께서는 "너희는 세상의 소금"이라고 하신 후에 마태복음 5장 20절에서 "너희 의가 서기관과 바리새인보다 더 낫지 못하면 결코 천국에 들어가지 못하리라"고 선언하신 것입니다. 서기관과 바리새인은 겉으로 보기에는 훌륭했으나, 속으로는 세상 욕망을 따라 살았기에 세상의 소금이 될 수 없었습니다.

이태석 신부 이야기

가톨릭의 부패를 참지 못하고 루터와 칼빈이 종교개혁을 일으켜 탄생한 개신 교회가 가톨릭교회와 비교할 때 과연 "세상의 소금"이라는 소명을 잘 감당하고 있는지에 대하여 저는 오랫동안 심각하게 고민하고 있었습니다.

그러던 중 고(故) 이태석 신부의 일대기를 담은 〈울지마 톤즈〉라는 영화를 봤습니다. 이태석은 아홉 살 때 부친을 여의고, 부산 자갈치 시장에서 삯바느질을 하며 열 남매를 키운 어머니 밑에서 아홉 번째로 자랐습니다. 이태석은 세발자전거를 탈 수 없는 달동네에서 어린 시절을 보내고, 열심히 공부해 인제 의대를 졸업하고 의사가 되었으나 의사로서 안정된 미래를 버리고 사제가 됩니다. 그러고는 한국인 사제로는 최초로 긴급 구호 전문가 한비야도 자신이 가본 곳 중 최악이라고 한 남부 수단의 톤즈로 떠납니다.

섭씨 50도가 넘는 열사의 땅 톤즈에서 이태석 신부는 하루에 300명의 환자를 돌보느라 잠도 제대로 못 자면서도 병원과 학교를 짓고, 학생들을 가르치고, 브라스밴드를 만들어 지휘까지 하였습니다. 특별히 아무도 돌보지 않는 한센병 환자들에게 많은 애정을 쏟았는데, 급할 때는 장갑도 끼지 않고 한센병 환자를 치료할 정도로 사랑과 진심으로 그들을 대했습니다. 한센병 환자들이 신발이 없어 늘 상처를 달고 사는 것을 보고는 신발을 신기

기로 합니다. 그러나 환자들 발이 일그러져 각자 형태가 제각각인 것을 깨닫고는 환자들의 발 형태를 손으로 직접 그려 각자에게 맞는 샌들을 만들어주기까지 합니다. 그가 이렇게 한센병 환자에게 관심을 둔 이유는 가난과 질병에도 감사하며 행복하게 사는 모습에서 "그리스도의 흔적"을 보았기 때문이라고 말합니다.

> 많은 소중한 것들을 뒤로 한 채 나를 이곳까지 오게 한 것도, 여기서 후회 없이 기쁘게 살 수 있는 것도, 주님의 존재를 체험하게 하는 나환자들의 신비스러운 힘 때문이다. 그것을 생각하면 그들에게 머리 숙여 감사하게 된다.
>
> 이러한 나환자들의 특별한 능력을 보면서 식물인간, 뇌성마비, 뇌졸중, 자폐증 등 다른 사람의 도움 없이는 한 발짝도 움직일 수 없는 환자 가족들과 함께하는 많은 사람의 고통에 대해서도 가끔 묵상하게 된다. 환자들의 고통도 고통이지만 아픔을 가슴에 품고 평생 그들을 보살펴야 하는 가족들의 고통은 당해 보지 않고는 아무도 모를 것이다. 그보다 더 큰 멍에나 십자가가 이 세상에 또 있으랴.
>
> 하지만 아무것도 할 수 없는 그들이 다른 가족 구성원에게 미치는 힘은 때로는 상상을 초월한다. 가족을 하나 되게 하고 가족들에게 참된 신앙을 갖게 하며 가족이 하나님을 깊게 체험할 수 있게 하는 그들의 힘은 신비스럽기 이를 데 없다.

의사 신분으로도 소외된 이웃을 도울 수 있는데 왜 굳이 신부가 됐는지, 한국에도 가난한 사람이 많은데 또 왜 굳이 아프리카까지 갔는지에 관한 질문을 받을 때마다 이태석 신부는 이렇게 답했습니다.

예수님께서 가장 보잘것없는 이에게 해준 것이 곧 나에게 한 것이라고 말씀하셨기 때문입니다.

이태석 신부는 2001년부터 톤즈에서 8년간 사역하다 잠시 한국에 들러 처음으로 건강 검진을 받던 도중 자신이 대장암 말기라는 것을 알게 됩니다. 그리고 1년 반의 투병 끝에 2010년 1월 14일에 소천했습니다. 〈KBS 스페셜〉팀이 톤즈를 방문해서 한센병 환자들을 만나 이태석 신부의 사진을 보여주자, "그는 성경에 나오는 하나님과 같았다"고 울면서 증언하는 모습이 나옵니다.

웬만해서는 울지 않는 저였지만 이태석 신부의 일대기를 보면서 내내 눈시울을 적시지 않을 수 없었습니다. 개신교 목회자로서 세상의 소금이 되기 위해 나는 어떤 대가를 치르고 있는지 자문하면서 자신의 모습이 너무 부끄러웠기 때문입니다. 특별히 이태석 신부가 고3 때 작사작곡했다는 성가 묵상을 들으면서 눈물을 쏟을 수밖에 없었습니다.

십자가 앞에 꿇어 주께 물었네
추위와 굶주림에 시달리는 이들
총부리 앞에서 피를 흘리며
죽어가는 이들을 왜
당신은 보고만 있느냐고.

눈물을 흘리면서 주께 물었네
세상엔 죄인들과
닫힌 감옥이 있어야만 하고
인간은 고통 속에서
번민해야 하느냐고.

조용한 침묵 속에서
주 말씀하셨지
사랑 사랑 사랑
오직 서로 사랑하라고.

난 영원히 기도하리라
세계 평화 위해
난 사랑하리라
내 모든 것 바쳐.

오늘 주님이 "너희는 세상의 소금"이냐고 묻는다면 우리는 부끄럽게도 "그렇지 못합니다. 주님"이라고 고백할 수밖에 없는 형편입니다. 우리가 왜 이렇게 되었습니까?

하나님의 나라와 그의 의를 구하면 모든 것을 채워주실 것이라는 '소금 약속'을 믿지 못한 채 세상 물질에 현혹되었기 때문이 아닙니까? 그러기에 우리가 세상의 소금이라고 하기엔 우리 삶이 너무 세상과 밀착되어 있는 것이 사실입니다.

그러나 주님이 제자들을 보고 "세상의 소금"이라고 하신 것은 제자들에게 본질(substance)을 알리신 게 아닙니다. 바로 제자들이 해야 할 일, 곧 미션(mission)이 무엇인지를 보여주신 말씀입니다. 지금도 마찬가지입니다. 주님은 비록 우리가 본질상 세상의 소금은 아니지만, 우리를 다시 "세상의 소금"이란 미션으로 부르십니다.

이 사명이 무겁지 않은 이유

물론 세상의 소금으로 살아가라는 이 미션은 쉬운 일이 아닙니다. 소금에 절여 불로 태워 하나님께 드려지는 번제물처럼 살아가는 것이 어찌 쉬운 일일까요? 그러나 소금에 절인 번제물로 살아가야 하는 이 소명이 교회에 주어졌습니다. 그러기에 이 미션은 그야말로 가공할 정도의 소명입니다.

본체 무게만 675그램이고 렌즈를 끼우면 1킬로그램가량이나 되는 한 카메라의 광고가 눈에 띄었습니다. "XX카메라는 무겁다? 무거우신가요?"라는 질문과 함께 젊은 여성은 화가 클림트의 무거운 화집을 안고 있다가 이번엔 어린아이를 번쩍 들어올리는 모습을 보여주면서 이렇게 말합니다.

이들을 안을 때 우리는 무겁다 말하지 않습니다. 사랑하니까요.
사랑하는 이들을 가장 아름답게 담아주는 감동의 무게에 비하면
무겁지 않습니다.

이 말 안에는 교회의 가공할 만한 소명을 감당할 실마리가 담겨 있습니다. 우리가 주님을 사랑한다면 세상의 소금이라는 우리의 소명은 무겁지 않습니다. 물론 세상이 볼 때는 이 소명이 무거워 보입니다. 그러나 진정한 교회는 "세상의 소금"이라는 교회의 소명을 무겁다 말하지 않습니다. 주님을 사랑하니까요. 세상의 소금으로서 교회가 져야 할 십자가는 세상이 볼 때는 무거워 보입니다. 그러나 진정한 교회는 우리가 져야 할 십자가를 무겁다 하지 않습니다. 주님이 지신 십자가에 비하면 우리의 십자가는 무겁지 않기 때문입니다.

따라서 진정한 교회는 무엇과도 주님을 바꾸지 않습니다. 오직 주님만이 우리 삶에 도움이시기에, 진정한 교회는 변치 않는 하나님의 소금 친구가 되길 원합니다. "너희는 세상의 소금"이라

말씀하신 주님의 음성을 떠올리면서 변치 않는 제자의 모습으로 승리하는 우리가 되기를 바랍니다.

국제제자훈련원은 건강한 교회를 꿈꾸는 목회의 동반자로서 제자 삼는 사역을 중심으로
성경적 목회 모델을 제시함으로 세계 교회를 섬기는 전문 사역 기관입니다.

믿다, 살다, 웃다

초판 1쇄 인쇄 2019년 4월 12일
초판 1쇄 발행 2019년 4월 19일

지은이 김지찬

펴낸이 오정현
펴낸곳 국제제자훈련원
등록번호 제2013-000170호(2013년 9월 25일)
주소 서울시 서초구 효령로68길 98(서초동)
전화 02)3489-4300   **팩스** 02)3489-4329
이메일 dmipress@sarang.org

저작권자 © 김지찬, 2019, Printed in Korea.
이 책은 저작권법에 의해 보호를 받는 저작물이므로 저자와 출판사의 허락 없이
내용의 일부를 인용하거나 발췌하는 것을 금합니다.

ISBN 978-89-5731-778-5   03230

※ **책값은** 뒤표지에 있습니다. 잘못된 책은 구입하신 곳에서 교환해드립니다.